自己への物語論的接近——家族療法から社会学へ

第一章 「自己」への物語論的接近

1 自己と物語

この本は、自分というものの成り立ちについて、「物語」という概念を用いて考えてみようとするものだ。

「自分」が今ここにあるとか、「私」が「私」であるということは、おそらくほとんどすべての人にとってあまりにもあたりまえな事実であろう。何かを体験し、考え、感じ、そして誰か（何か）に働きかけるとき、いつでもそこには「自分」というものがごく自然に前提されている。「われ思うゆえにわれあり」というほど強い自覚があるかどうかはともかくとして、体験、思考、感情、行為等々の背後にはいつでもそれらを統括し、まとめあげる「私」が存在していると信じられているのである。(1)

このことは、自分というものが正面から問題にされる場合においてさえ変わらない。例えば、今日、メディア上でしばしば目にする「自己実現」や「自分探し」といったキャッチフレーズも、「自己愛」や「多重人格」「アダルトチルドレン」といった「病理」現象に向けられる強い関心もまたそのような基本的信念を前提としている。[2] それらはいずれも「自分」というものを主題化しようとする（あらためて問いなおしたいという）欲求に支えられているわけだが、その欲求は「自分」というものがたしかに（あるいはどこかに）あるという信念の上に立って抱かれている。その上で「私」は、一方において、何を満たせばより「自分らしい自分」「本当の自分」になれるかという形で問題とされ、他方では、自分の何が「病んでいる」のか、何が足りないのかという形で問題とされる。例えば、「自己実現」や「自分探し」といったキャッチフレーズは前者を、「自己愛」、「多重人格」、「アダルトチルドレン」といったキャッチフレーズは後者を、それぞれ代表していると考えられる。いずれにしてもそこでは、「自分というものがある」ということは、問いを発するための出発点と考えられており、それ自体が問いの対象になることはない。

もちろんこのように言ったからといって、自己実現を目指したり、現在の「病理」をもたらした過去のトラウマ（「性的虐待」「機能不全家族」等々）から自由になろうと努力することの意義を否定したいわけではない。それどころか、それはそれできわめて大切な作業であるだろう。だが、本書で考えてみたいのは、このような主題化の前提となっている「自分」や「私」という現象それ自体がどのように成り立っている（あるいは変わっていく）のか、ということだ。言い換えると、日常的な体験や行為の背後にごく当たり前に想定されている自分、あるいは探し求められたり実現されるべきだったりする自分、さらにはトラウマのせいで欠損をこうむったり傷がついてしまったりした自分、そういう「自分」なるものがどのようにして産み出され、維持され、ときに変容していくのかということを、である。

だが、自己の成り立ちについて考えると一口にいっても、いろいろな視角があり得るだろう。この章の後半で見ていくことになるが、社会学にもすでに「社会学的自我論」という分野があり、様々な研究の蓄積がある。それらの中で――あるいはそれらに対して――本書で提案するのは「物語」をキー概念として自己の生成と変容を理解するアプローチである。一般に「物語」という概念を中心とする議論を総称して「物語論」と呼ぶので、このような視角を「自己への物語論的アプローチ」と呼ぶこともできるだろう。

ここで物語という言葉を聞いて何を連想するだろうか。昔話や民話のような昔から語り伝えられてきた物語だろうか。小説やコミック、テレビドラマ、映画のストーリーだろうか。それとも広告の中に頻繁に登場する「××物語」のようなフレーズだろうか。評論家大塚英志によれば、かつて日本のムラのなかで語られていた物語はせいぜい一〇〇〇程度だったのだが、一九九一年の時点で日本社会には映画だけでも一〇〇〇程度の物語がストックされ、消費され得るようになっているという。コミックや小説ゲームなどをくわえればその何倍の数にもなるだろう（大塚［1991: 172］）。また社会学者宮台真司は、高度消費社会としての現代を、商品を通して消費される物語が爆発的に多様化した段階として特徴づけた（宮台［1994: 143-144］）。あるいは中野収のように、都市を歩けばそこに様々な小さい物語を読み取ることができるという社会学者もいる（中野［1993］）。消費社会と物語との関連については別途論じるべき大切な問題であるが、ともあれ、現代社会は物語に満ちあふれた時代だといえそうである。[3]

物語というときそこには——物語という言葉の意味はすぐ次の節で確認するが——それら無数の物語のすべてが形式的には同じものとして含まれている。しかし、そういった様々な物語の中でもとりわけ本書で着目したいのは、人が自分自身について語る物語、いわば自己物語である。自己への物語論的アプローチとは、このような自己物語に着目して自己の生成・維持・変容を探求する試みなのである。

2 「私」は自己物語を通して産み出される

さて、本書の主張は次の二点に整理できる。

第一に、自己は、自分自身について物語ることを通して産み出されるということ、そして第二に、自己物語はいつでも「語り得ないもの」を前提にし、かつそれを隠蔽しているということである。第二章以下の議論に先立って、それぞれについて簡単に説明しておこう。

まず、自己は自己物語によって産み出されるという第一の点について。

常識的には、「自己」というのは自らの様々な行為と体験が帰属させられるある中心のようなものとして考えられているだろう。すなわち人は日々、他者と交渉し、まわりの世界に働きかけ、そしてそれらを体験してもいるわけだが、自己というのは、そういった無数の行為と体験の中心にあるものと信じられ、感じられている。では、なぜそれは「中心」なのだろうか。それは、そこを中心と見ることによってはじめて行為や体験が一定のまとまりや整合性をもって現れるからだ。

けれどもこのようなまとまりや整合性は自然・必然に生まれてくるものではない。それは、一定の視角から行為や体験を取捨選択し、かつそれらを一定の筋に沿って配列していくことによってはじめて産み出されるものである。したがって、自己が「中心」であるのは、その人の持つ無数のエピソードが首尾よく選択、配列されている限りにおいてのことであるといえる。実際、自分自身が何者であるのかを説明しようとするなら、人は自分自身の人生のエピソードのうちあるものだけを選びだし（他のものを捨て）、それをある筋に沿って紡ぎ合わせていくほかあるまい。例えば、「恥の多い生涯を送ってきました」（太宰治『人間失格』）という人は、「私」が何者であるのかを、今に至るまで人生上に起こった「恥」のエピソードを連ねていくことによって示すほかない。その一連の筋からは、「恥」と相反するような、例えば「輝かしさ」とか「誇り」といったものをあらわすエピソードは排除されるであろうし、もし採り入れられるとしても、配列上の操作によって「恥」をよりいっそう引き立てる働きを負わされた上でのことになるであろう。

〈自己が自己物語によって産み出される〉というのは、このエピソードの選択と配列を通してはじめて「私」が現れてくるということなのである。注意してほしいのだが、まず「私」がいて、ついでそれについて私が語るというのではない。そうではなく、自分自身について語るという営みを通してはじめて「私」が産み出されてくるのである。[4] 例えば自伝や自分史を書くとき、人は自らの過去について単に記録しているのではなく、過去を物語へと加工することによって現在の自分を作り出しているのである。ときとしてこの物語化の過程は、記憶がこうむるバイアス（歪みや偏り）であるといわれたりもするのだが（例えば、Nuber, U.［1995＝1997］）、ある意味ではむしろこのバイアス（すなわち選択・配列過程）自体が自己そのものであると考えるべきではないだろうか。[5] このバイアスを完全に取り除いてしまったとき、そこに残されるのは無数の行為と体験とが無差別に（選択されることなく）散乱する混沌状態であり、そこに中心となるべき「私」を見いだすことはできない。「私」がいるということは、この混沌状態に選択と配列を、したがって必然的にバイアスを、もたらすことと同じことなのである。
以上の議論からも推察される通りここでいう自己物語とは、必ずしも明示的に語られた（あるいは書かれた）ものだけには限定されない。[6] 人々は日々の行為の中で無意識のうちに一定の自己イメージを抱き、それを前提にして振る舞い方を選んでいるものであるが、この自己イメージは自分自身のうちで――また自分自身に向かって――自己物語を絶えず語り続けることによって維持されているものだと考えられる。なぜなら自分がどんな人間であるのかということは、結局、自分について物語ることによってしか支えられないからだ。言い換えれば、自己とは、絶え間なく続く「心の中のおしゃべり」によって産み出され、支えられているのである。[7]
さて、「物語」という言葉の意味をこれまで比較的あいまいにしたままで使ってきたが、これからの議論のためにそれが指すところをここでもう少し明確にしておこう。
本書でいう物語とは、以下の三つの特徴をそなえている語りを指す。この三つの特徴は、これまで物語という概念を用いて構築されてきた諸理論からいわば最大公約数的に抽出したものである。次章でそれら物語論の諸潮流を概観するつもりなので、順序が前後してしまうが、ここで整理しておく。

(1) 視点の二重性

第一の特徴は、それが視点を二重化させるような語りだということだ。すなわち物語を語るということは、語り手の視点とは別に、語られた物語の登場人物（主人公がその代表）をもう一つの視点として創り出す作業なのである。視点というのは、一つの世界（「私」にとっての世界）がそれに対して現れることになる基準点、言い換えれば世界という座標軸の原点となるものであるから、このことは、登場人物が行動するための別の世界を創り出すことをも意味している。一方には語り手が聞き手に向けて語りかけている世界があり、他方にはそこで語られた登場人物が活躍する世界がある。物語を語るということは、この二つの世界あるいは「二つのコンテクスト（脈絡）を連関させることを意味する」のである（栗原裕［1988: 52］）。(8)

語り手と登場人物の視点が相互に異なっているということは、虚構の物語を語る場合や他者について物語る場合には当然のことだと思われるだろうが、(9) ここで注意してほしいのは、自分自身について物語る場合にもこのことが同じようにあてはまるということだ。例えばジャン＝ジャック・ルソーは、生涯にわたり自伝的な作品をいくつも書き残しているのだが、それらの中で「それが私の不幸のはじまりでした」という趣旨の表現を何度も用いている。この言い回しのもつ（しばしば悲劇的な）効果は、登場人物たる過去の「私」（かつてのルソー）がそれ以後に実際に起きることを知ることなく、その時点での行為を選択しているということから産み出されてくるものであろう。そのことは、「それが不幸のはじまりである」と知っている視点（語り手の視点）と実際にその出来事を体験している物語内部の視点（登場人物の視点）とが原理的に異なっていることを示している。[10]

(2) 出来事の時間的構造化

第二の特徴は、それが諸々の出来事を時間軸に沿って構造化する語りであるということだ。構造化というのは、無数の出来事の中から意味のあるものだけを選びだして相互に関連づけるという作業を意味しており、これはまさに右で強調してきた「選択と配列」に他ならない。この作業によって、語られた世界[11]（登場人物の活動する世界）は、意味と方向性を持った時間的流れを産み出すものとなる。

ところで選択にせよ配列にせよ、それを行うためには一定の基準が必要となるはずである。というのもたくさんの出来事の中からある出来事だけが選びだされ、いくつかありえる並べ方の中で特定の並べ方だけが採用されることになるからだ。そのための基準は、物語の結末によって与えられる。すなわち結末が納得の行くものになるかどうかを基準にして、どのような出来事をどのように関連づけて語ればいいのかが決まってくるのである。物語について論じた哲学者ポール・リクールの言葉を借りれば、物語の結末は「予見されるどころか、話によって集められたエピソードと適合するものとして最後に受け入れられるものでなくてはならない」のである（Ricoeur, P.［1983＝1987: 121］）。逆に、物語の最初に思わせぶりに語られていながら、最後までそれの意味がわからないままのエピソードがある場合、それはいわば用意されていたのに十分に利用されなかった伏線（失敗して余分なエピソードとなってしまった伏線）となり、物語の完成度を著しく下げてしまうのである。

したがって物語は出来事をありのままに描くものではない。またどれほど詳細に書き込まれたものであろうとも、単なる事実の羅列は物語ではありえない。どのような物語も特定の視点からなされる事実の選択・配列によって成り立つのであり、語り手の視点が異なれば、出来事の選択や配列も異なったものとなり、異なった物語が産み出されるだろう。(12)このことは一つの物語が、「いつでも違ったように語り得る」という潜在的可能性を下敷にして語り出されていることを意味しており、今語られている物語はあくまでも「ある一定の視点から見たならば」という一種の仮定法的な性質を帯びざるを得ないということを示唆している。(13)

自己物語についても同じことが当てはまる。自分自身について語る物語は、その結末部分において今ここにある自分（物語を語っている自分）に説得的なやり方で到達する必要がある。だから語られる出来事はみな、今の自分（結末）をどのようなものと考えるかにしたがって、またその結末を納得の行くものとするように、配置されることになるのである。したがって、自己はそれが物語られる限りにおいて、必ず結末から逆算された（振り返った）形で選択・配列されるのであり、事実ありのままの記述ではあり得ない。

(3) 他者への志向

物語の第三の特徴は、それが本質的に他者に向けられた語りであるということだ。右で物語の構造が結末を納得の行くものにすると書いたが、この「納得の行く」という表現にはすでに他者の存在が含意されているのである。なぜなら出来事を納得の行くように語るということは、語り手の物語に対して語り手とは異なった視点からの評価を受けるということを意味しているからだ。異なった視点というのは、語り手と同じ意見を持つこともできるが、異なる意見をも持ち得るようなそういう偶有的な視点、すなわち他者の視点のことであり、「納得」というのはそのような視点を前提にしてはじめて意味をもつものなのである。[14] このことをこう表現することもできるだろう。物語が納得のいくものとして受け入れられ、共有された現実になるのは、自己と他者との視点の差異が乗り越えられることによってなのだ、と。

納得の行くように語るというのは、したがって、聞き手（他者）を納得させるように語るということにほかならない。そして納得とは出来事の受けとめ方への評価であるのだから、物語が聞き手に受け入れられるということは、その評価を共有するということでもあり、潜在的にせよ顕在的にせよ、ある価値観が正当化され、伝達され共有されていく過程なのである。このことは、物語を語る行為が一定の社会や共同体を前提にしているということを示唆してもいる。例えば「アリとキリギリス」の寓話を語り伝える社会は、この寓話によって含意された価値観や人生観をも伝承し、共有している。このように物語の伝承によって価値観を共有する人々の範囲を道徳の共同体と呼ぶこともできよう(15)。

けれども日常会話の中におき直してよく考えてみると、物語を語るというのは、ある意味で異例の語り方である。というのも、エスノメソドロジストたちが発見したように、会話の最も基本的なルールは、発言の順番を会話参加者の間で均等に巡回させることであり、文やエピソードの区切りは通常発言者の交代の機会と見なされるのであるが、物語を語る話者は――文どころか――エピソードをいくつも連ねて語り、発言の機会を相対的に長時間独占することになるからだ(16)。このような独占は必ずしも自明なものではなく、しばしば聞き手(他者)からの挑戦を受け、正当化の必要に迫られる。それゆえ、物語行為は、その構造化によって結末を正当化しなければならないだけではなく、そもそも語り出すための権利をも正当化しなければならないのである(17)。

自己物語もまたこの二重の正当化を必要としている。すなわち第一に、聞き手(他者)を納得させることによって、語られた自分(過去から今に至るまでの自分)ははじめて他者との間で共有された現実となり、自己は聞き手と同じ道徳共同体へ所属することになる(18)。しかし第二に、そもそもこの物語を語るための権利は、他者に対して(あるいは抗して)

正当化されなければならないものである。例えば、自分史の執筆、カウンセリング、セルフヘルプグループ等々、これらはいずれもそのような正当化をもたらす制度的な文脈にほかならない。このような文脈のなかで、人は安んじて自分自身について語り、それによって自分自身を共有された現実として作り上げていくことができるのである。[19]

本書で用いる「物語」という言葉は、これら三つの点によって特徴づけられる語りを指すものとする。

このような語りは日常生活のいたるところに見られるであろう。例えば、母親が子供に昔話を語って聞かせるとき。子供が家に帰って学校での出来事を親に一生懸命語り聞かせようとするとき。友人に自分の恋愛について相談をもちかけるとき。あるいは就職活動で自己PRをするとき。そういった日常の様々な場面で物語は語られている。それはあまりにもありふれているので、おそらく普段は気にもとめられていないだろう。物語を語るということがどのような働きをもっているのかということは、物語にあふれた日常生活のなかではかえって見えにくくなっているのである。

そこで物語の働きを際立たせるために、やや唐突に思われるかもしれないが、一つの極限的な事例を紹介しておきたい。以下に示すのは離人症という病理に苦しむある患者の言葉だ。

自分というものがまるで感じられない。自分というものがなくなってしまった。自分というものがどこか非常に遠いところへ行ってしまった。いまここでこうやって話しているのは嘘の自分です。何をしても自分がしているという感じがしない。……テレビや映画を見ていると、本当に妙なことになる。こまぎれの場面場面はちゃんと見えているのに、全体の筋がまるで全然わからない。場面から場面へぴょんぴょん飛んでしまって、そのつながりというものが全然ない。……私の自分というものの時間と一緒で、瞬間ごとに違った自分が、何の規則もなくてんでばらばらに出ては消えてしまうだけで、今の自分との間に何のつながりもない。（木村［1978: 17-18］）

この患者は、二つのことを訴えている。一つは自分というものがなくなってしまったということ、もう一つは、テレビ番組や映画の筋がとらえられなくなるということである。ここでいう「筋」、すなわち複数の場面をつないで「全体」を作り上げていくものは、右で見てきた「物語」にほかならない。したがってこの患者の訴えが意味しているのは、物語に関わる能力と自分というまとまりが一緒に失われてしまったということだ。この二つの喪失は単なる偶然によって同時に起ったのではない。そうではなくて、そもそも自己をひとつのまとまりへと作り上げていく力は、自分自身についての物語を語ることによって産み出されるのであり、物語に関わる能力の衰退は当然自己のまとまりの解体をもたらすことになるのである。[20]

3 自己物語と語り得ないもの

次に、本書の二つ目の主張、すなわち自己物語は物語り得ないものを前提にし、かつそれを隠蔽するものであるという主張について説明しよう。

まずはじめに注意しておきたいのは、「物語り得ない」という事態は単に「語り尽くせない」という事態とは違うということだ。すなわち、体験された現実があまりにも複雑すぎて特定の物語によってはすべてを語り尽くすことができないということを指して「物語り得ない」といっているのではない。もちろん「物語る」という行為が無数の出来事の中から特定の出来事を選びだし配列する作業である以上、それは多くの出来事を切り捨ててしまうことになるだろうし、その意味ではどれほど語っても語り尽くせない部分を残してしまうのは物語の必然であろう。だがここで論じようとしているのはそのような「語り尽くせなさ」とはちがったことである。

もし「語り得なさ」が「語り尽くせなさ」とまったく等しいものであるとすると、「語り得なさ」は語り残された（語り尽くせなかった）ものとして物語の外側（まだ語られていないもの）にあるということになるだろう。この語り残された部分を含むような別の物語を語ることもできるが、その物語もその物語で今度は別の出来事を語り尽くせないものとして外部に取り残す。このような「外部」に注目することからは、物語の複数性や相対性といった議論、あるいはそれら複数の物語のうちあるものを優勢な位置に置き、別のものを周辺化する権力の働きといった議論などが引き出されてくるだろう。[21]それはそれで有意義な議論であろうが、いずれにしてもこのような「語り尽くせなさ」を中心に置いた議論の中では、個々の物語はそれなりに一貫しており、また完結しているということが暗黙のうちに前提されているように思われる。

それに対してここで強調したい「語り得なさ」とは、まさに自己物語のただ中に現れてくるようなものであり、自己物語が達成しようとする一貫性や完結性を内側からつき崩してしまうようなものだ。どれほど首尾一貫しているように見える自己物語にも必ずこのような「語り得なさ」がはらまれており、これを隠蔽し、見えなくすることによってはじめて一貫した自己同一性が産み出される。逆に自己物語を書き換え、これまでとは異なった自分を産み出すためには、この「語り得ない」ものを見えるようにすることによって、一貫性や完結性を内部から揺さぶっていけばよいということにもなる。例えば家族療法家スルズキーは、セラピーの目的を「物語の変化」であるとした上で、新しい物語は「古いなじみの物語から進化し、もとの物語の諸要素を含んでいなければならない」と指摘している（Sluzki, C. E. [1992]）。すなわち、クライエントの物語を書き直す際に、もとの物語と全く異なる物語を、いわば外側から提示していくことよりも、むしろもとの物語を前提にして、その内側に変化の芽を見いだし、それを育てていくことの方がより効果的であるということであろう。自己物語の外側ではなく内側にある変化へのきっかけ、これがここで言う「語り得なさ」なのである。

自己物語がいつでも偶有的である（別な風に語り得る）ということは前節で論じた通りである。そのような自己物語の偶有性に対して、ここで問題にしているのは自己物語の非完結性あるいは非一貫性（完結しきれない、一貫しきれないこと）とでもいうべきものだ。比喩的に言えば、どのような自己物語にも十全な一貫性や自己完結を内側から阻むような「穴」が空いているということである。ではそれはどのような形で自己物語の中に現れてくるのだろうか。

それを理解するためには、自己物語の独特な構造を理解しておく必要がある。自己物語とは「人が自分自身について語る物語」のことであるから、ごく単純化して言えばそれは「私が私について語る（私が―語る―私を）」という構造をとることになるだろう。このとき「私」が二つの位置（私が／私を）を同時に占めていることに注意してほしい。やや抽象的な言い方になるが、ここで「私」は同一性（どちらも同じ「私」である）と差異性（異なる場所におかれている）の間で引き裂かれている。これを、前節で確認した物語の特徴に即して言い換えれば、一方において語り手としての「私」と登場人物としての「私」の視点は異なっているのでなければならないが（視点の二重性）、他方において、その登場人物は物語の結末では語り手に一致するのでなければならない（結末に依拠しての時間的構造化）。物語行為の主体（物語る私）と物語の主語（物語内の私）とは、異なっているが同じでなければならないということだ[22]。

「私」が自分自身に対して差異化しなければならないと同時に同一化しなければならないということ、これは一つのパラドクスである。もし二つの「私」が完全に一致したならば、もはや語りは起こり得ないであろうし、完全に差異化するならばそれはもはや「自己」物語ではありえまい。例えば、ロシアの文学者ミハイル・バフチンは、自分自身を外側から見ることが難しいがゆえに自分自身について物語ることは困難であると指摘した。これは自己が自分自身に対して距離をとること（差異化すること）が難しいということを意味しているだろう。他方、フランスの思想家ミシェル・フーコーは、西欧世界が歴史上のある時点から人々に限りなく告白を求める社会になったと指摘している。フーコーの言う告白の際限のなさは、「語る自分」と「語られる自分」が完全に重ねられることはありえないという事実に由来するものと考えられ、これは自己が完全に自分自身に同一化することの難しさを示唆している（Bakhtin, M. [1979＝1984: 58–60, 158–159]、Foucault, M. [1976＝1986: 76–82]）。このパラドクス・困難は、根本的には、自己物語が自分自身に言及するという構造をもつことに由来する。自分自身の真偽に言及する命題が真偽未決定になってしまうのと同様に、自分自身を物語る物語も、それがほんとうに自分自身を物語るものであるのかどうか、未決定な状態におかれてしまうのである(23)。

もう少し具体的に考えてみよう。例えば、かつてアルコホリックだった人の自己物語を想像してほしい。この人は自分自身がいかにひどいアルコホリックであったか、そしてそこからいかにして脱出したのかを詳細に語るであろう。しかしその物語が真に迫るものであればあるほど、聞き手はある疑念を覚えずにはいられまい。すなわち、一方では、それほどひどいアルコホリックであったのなら、どうして現在もそうでないといえるのだろうか、もしや語り手は現在もアルコホリックなのであり、「酔っぱらっていない」と主張する酔っぱらいのように単に回復したと思い込んでいるだけなのではないか。また他方では、それほどまでに過去の自分と完璧に決別してしまったのだとすると、その物語は彼自身についてあまり重要な事実を語ってはいないのではないだろうか（自分の重要な部分をそれほど簡単に切り離せるだろうか）(24)。あるいは現在の彼がそれほどまでに健康であるとすれば過去においてアルコホリックだったという物語はほんとうのことなのだろうか。いずれの場合であれ、自己物語はその信憑性を宙づりにされてしまうであろう。これは、発言そのものとその発言の真偽を支える視点とが同じ語り手に属しているために起ることである。

このようなパラドクスに対して、アウグスティヌス以来の自伝文学の伝統は、物語の内部に「回心」という独特の体験を組み込むことによって対処しようとしてきた（Freccero, J.［1986］）。「回心」とは象徴的な死と再生の過程であり、これを経ることによって自己物語の語り手は過去の自分との断絶と連続とを同時に手にいれることができる。というのも、一方で語り手は「死」によって過去から切り離され、他方で「再生」によって過去とつながっているからだ。自伝的な物語はなんらかの形でこのような回心に頼ることで、語りの信憑性を保とうとしてきた。例えば回復したアルコホリックの語りに必ずといっていいほど見られる「底をつく」体験もそのような回心の一種といっていいだろう。

けれども自伝研究者スペンジマンが指摘するように、この「工夫」も必ずしも万全なものではない。そもそも回心的自己物語の原型とされるアウグスティヌスにおいてさえもある種のほころびが見いだされるのであり、時代が下ってもそのほころびが閉じられることはついになかった（Spengemann, W. C.［1980＝1991: 45-47］）。例えば一九世紀イギリスの作家トーマス・ディ・クインシーは、重度の阿片中毒からの復帰をテーマに自伝を書いたのだが、最初の自伝の約三〇年後に加えた大幅改訂において、先の克服が一時的なものにすぎず、その後再び阿片に手を出してしまったことが告白されている。このような事実は——ディ・クインシーのそれのみならず全般的に——回心体験の真実性に疑問符をつけるものであり、自己物語の語り手としての資格に疑問をさしはさみ、ひいては自己物語自体の信憑性を損ない、再びそれを宙づり状態にしてしまうものである(25)。

あるいはこのような語り得なさが文字通りの形で、すなわち端的な沈黙として現れてくる場合もある。例えばナチスドイツの体制下でユダヤ人たちが被った迫害の体験、なかでも収容所の体験は当事者にとって人生の物語の中でもしばしば空白部分（物語の「穴」）となってしまっている（Greenspan, H.［1992］）。あるいは地震のような大規模な自然災害の被災者はその後しばらくそのことについて語ることができなくなるという。語られないからといって、それが語るに価しないということではもちろんない。むしろこれらの体験は当事者の人生において他の何ものにもまして決定的な意味を持つものであると想像されるのに、それにもかかわらず語ることができないのである。この沈黙は、語り手と語られる体験との間に十分な距離をとれないことから生じているように思われる。すなわち体験があまりにも深く語り手をとらえてしまい、当事者の視点から距離をおいた語り手の視点を確保することができないのである。この二つの視点（語る私／語られる私）の間のパラドキシカルな関係が物語を真偽未決定の状態においてしまうと右で論じてきたが、ここでは二つの視点が端的にショート（短絡し融合）してしまうがゆえに物語が消失してしまう。このような体験をトラウマ的体験と呼ぶとするなら、それは自己物語の限界点、すなわち、物語化を強く求めているにもかかわらず、語られ得ないような体験となっているといえるだろう。(26)

あるいは、自己物語の中に、その物語の筋からは逸脱するようなエピソードが出現するという形で「語り得なさ」が現れてくる場合もある。先に触れたように家族療法が物語書き換えの拠点として重要視するのがこれだ。クライエントが語る「問題に満ちた」物語の中に、しばしばその問題を免れたエピソード(これをユニークな結果とよぶ)が現れてくる。セラピストはこれに光を当て、それを梃子にして古い物語をもう少し苦痛の少ない新しい物語へと徐々に書き換えていくのである。トラウマ体験の場合のような完全な物語の欠落ではなく、また回心体験の場合のような物語の信憑性全体のゆらぎでもなく、ここでは既存の自己物語に回収しきれない(物語の筋に収まりきれない)未決定なエピソードとしてパラドクスは姿を現わしているのである。

〈物語の宙づり〉、〈沈黙〉、〈未決定なエピソード〉という語り得なさの現れ方を見てきたが(もちろん現れ方はほかにもっとあるだろう)、どのような形をとるにせよ、自己物語はその内部にこうした真偽未決定性や非一貫性を抱え込んでいる。自己物語が自己言及の形式をもった語りである以上、それは避けられない事態なのである。自己物語が語り得ないものを前提にしているというのはそのようなことだ。それにもかかわらず自己物語が語り手の「私」をそれなりに一貫した存在として産み出していくとするならば、「語り得なさ」は何らかの形で隠蔽されていなければなるまい。[27] このことを理解するためには、右で物語の特徴としてあげた三つ目の点、すなわち「他者への伝達」にあらためて注目する必要がある。

前節で他者を「納得させるように物語る」という言い方を用いたが、この「納得」は語り得なさを首尾よく隠蔽し、見えなくすることによって達成される。すなわち語りがある部分で一貫性を欠いていたり、全体として真偽が未決定であったとしても、そのことが聞き手に対して隠しおおせられたときに、自己物語はそれなりに納得の行くものとして受け入れられていると言えるのである。そしてそのようにして自己物語が他者によって受け入れられている限りにおいて、あたかも語り得なさなど存在しないかのようにことは進み、語り手の「私」もあたかも安定した同一性を備えているかのように現れてくることになる。

それゆえ自己物語を通して語り手の自己が作り出され、維持されていくためには、聞き手である他者に物語を何とか受け入れてもらうことが重要であり、そのために様々な語りの技法が総動員されることになるだろう。語りの時制に工夫をこらしたり、語り手の視点を移動させてみたり、間接話法を巧みに導入したり、といったように。右で見た回心というのもそのような工夫のひとつであった。もちろんガーゲンがいうように相手に見せているふだんの行動もその物語と整合するように調整されていなければならないだろう（Gergen, K. J. & M. M. [1983]）。けれどもそういった努力によって語り得なさはなくなってしまうわけではない。単にそれは当面の聞き手との間で発覚しなかったというにすぎず、いわば問題は先送りされているだけなのである。

したがってどのような自己物語も、安定的に語り続けられるためには、聞き手である他者の視点を予想し、それを採り入れながら語られなければならない。それどころか、自分のことを語るものであるのにもかかわらず自己物語は、ある決定的な部分で他者の語りをそのまま受け入れざるをえないのである。それは出生に代表される人生のごく初期の諸々の出来事についての語りだ。当たり前のことだが、自分がどのように生まれたか、また物心つくまでどのような様子であったかということを自分の記憶にたよって語ることはできないのであり、その部分は他者の語りを受け入れるほかない(28)。だから自己物語はまさにその起源の部分を他者の語りによって占拠されているのである。それどころか物心ついてからの自己物語でさえもしばしば他者の物語によってはなはだしく侵食されていることがある。

例えば著名な心理学者ピアジェは、七才のころシャンゼリゼ通りを乳母につれられて散歩していたときに何者かに誘拐されそうになり、乳母がその犯人と格闘した末にようやく難を逃れたという出来事を視覚的にもはっきりと「記憶」していた（麻生［1996: 209］）。しかしピアジェ自身のこの「記憶」は人生の終わりにいたるまで鮮明なものであったのだが、しかしこの乳母が後に懺悔し告白したところによればこれは彼女の作り話であった。ピアジェは周囲の人々がこの事件について語るのを聞いてこれを自分自身の記憶に組み込んでしまったのである。また榎本が紹介している実験では、学生に日記をつけさせた上でその一部に改竄を加えて本人に示した場合、改竄された部分を自分自身の記録であると「誤認」するケースが一年後の時点で五割前後にのぼったという（榎本［1999: 127］）。

結局のところ、自己物語あるいは「私」の歴史は「記憶において始まるのではなく、他者からわれわれに向けて語られる物語において始まるのであり」（Freeman, M.［1993: 53］）、その根底において、また様々な側面において他者に浸透されている。というよりもむしろこのような他者なくして自分についての語りに一貫性を与えることは困難である。[29] 他者こそが語り得ないものの露出を隠蔽するための鍵であるのだから。

ちなみに、前の節で参照した離人症の患者は次のようにも述べている。

私の病気は医学ではなおらないんです。なおろうと思えば、私ひとりでなおせるんです。でも、前にそれをやったときの苦しさを思い出したら、もう一度あの瞬間を経験する勇気が出ないんです。だから、自分の力でなおるよりは死んだほうがよっぽど楽だと思います。（木村［1978: 59］）

木村敏は、この「死んだほうがよっぽど楽」であるような出来事を、他者との関係に入ることであると推測した。ここでの議論も、木村がたどった思考の道筋とは全く違っているけれども、やはり自己の成り立ちにとって他者が必須であるという結論にたどり着いた。

それと同時に患者のこの言葉は、他者との関係をもつことが実は非常におそろしく苦痛なものでもあり得るということを教えている。この恐ろしさは何に由来するのだろうか。

ここまでの議論から容易に想像されるように、ある社会において自己物語として聞き手から受け入れられやすいものとそうでないものとがある。聞き手にとって受け入れやすい物語はやがて定型化し、多くの人々に利用されるようになるだろう。あるいは市場の発達した社会ならばそのような物語はパッケージ化され、商品として流通し多くの人々に消費されることになるかもしれない。広範囲に流通する定型的物語はそれだけ多くの人々に共有されるので、それを流用すれば労せずして語り得ぬものを隠蔽することができるだろう。だがその反面「私」の経験の独自性やかけがえのなさはその物語の型によって切り詰められ、ごくありきたりのどこにでもあるような出来事に変えられてしまう。それが極端にまでいたれば、私の行為や体験を物語が描き出すというのではなく、逆に所与の決まりきった物語を私の行為や体験が無自覚になぞっていくということさえ起こり得る。このように人々の体験と行為をその人も気づかぬうちに型にはめてしまう物語を物語療法では「ドミナントストーリー」と呼んでいる。例えば、政治心理学者カチグ・トローヤンはアルメニアの政治的暗殺者たちがいかに彼らの民族に伝承されている物語によって方向づけられているかを示してみせた(Toloyan, K. [1989])[30]。この場合、彼らを暗殺へと動かしているのは、彼らが共通して抱いているいくつかの定型的物語、ドミナントストーリーであるということになるだろう。離人症患者が他者との関係に入ることに感じる恐ろしさというのは、このような定型的物語に飲み込まれ、結局は「私」が失われてしまうことを予感してのことではなかっただろうか。

4　これまでの社会学的自我論との対比

ここまで見てきた二つの主張——「自己は自己物語を通して産み出される」「自己物語は語り得ないものを前提にし、それを隠蔽する」——が、本書でいう自己への物語論的アプローチの骨格をなしている。ではこのアプローチはこれまでの社会学的自己論・自我論と比べてどのように違うのだろうか。この点については後に第四章で詳しく議論する予定なので、ここではその議論の方向性だけ直感的にわかりやすい形で確認しておくことにしよう。

これまで社会学は「自己」、「自我」や「私」という現象を他者との相互行為（社会関係）のなかで産み出されてくるものと考えてきた。すなわち「自己」「私」は、単独の孤立した状態で誕生するのではなく、他者との様々なやりとりの中で初めて成り立つものと考えるのである。この考え方は、自分が何者であるのかを知るためには、どうしてもいったんは他者の視点を経由する必要があるという事情に着目して主張される。互いにやり取りをくりかえす中で他者が返してくる諸々の反応は「私」を映し出す鏡なのであり、これを手がかりにして人は自分が何者であるのか、何者であるべきなのか、また何者であることを望むかを知り、それにしたがって自分自身をコントロールすることを学ぶのだ、というわけである。例えば、ゴフマンが明確に指摘したように、相互行為を秩序正しく維持することはそれに関わっている「私」の「自己」あるいはアイデンティティを維持することでもあると考えるのである（Goffman, E.［1967＝1986］）。

このような考え方を「関係論的自己論」と呼ぶなら、物語論的アプローチの第一の主張はこれとかなりよく（完全にではないが）重なりあっているといっていいだろう。というのも、他者に向けて自己を語るという行為は、まさに他者との相互行為の中で「私」が何者かとして形成されていく過程にほかならないからだ。これに対して第二の論点において物語論的アプローチは関係論的自己論とたもとを分かつ。「語り得ないもの」についての考察を導入することによってこのアプローチは、これまで関係論が捉え損ねてきた問題に光を当てることになるからである。

では関係論がこれまで捉え損ねてきた問題とは何か？

そのことを明らかにするためには、自己や「私」の変わりやすさ／変わりにくさについて考えてみることが手がかりとなる。他者との関係こそが自己を根本から規定するという関係論的発想を延長していくならば、関係が変わることによって自己のほうも変わるということになるであろう。実際、例えばすでに一九五〇年代にリースマンは、大衆消費時代に突入した当時のアメリカ社会を見ながら、他者を基準にして自分の行動を決めるようなタイプのパーソナリティが次第に優勢になってきていると考えていたし、一九七〇年代後半には評論家クリストファー・ラッシュによって、他者の称賛を得るために相手の視線に合わせてたえず自分を変化させていく人々が増大したという指摘がなされた。さらにその後一九九〇年代に入ると、社会心理学者ケネス・ガーゲンが、現代社会において人々が携わる関係は爆発的に増大し複雑化しており、そのために自己はそれら無数の関係の間で引き裂かれてしまうという議論を展開している（Riesman, D.［1961＝1964］、Lasch, Ch.［1979＝1981］、Gergen, K. J.［1991］）。[31] 要するにこれらの議論はみな、多かれ少なかれ関係が変われば自己も変わる、だから自己とは変わりやすいものだという主旨の主張をしてきたのである。

これらの議論が対象としている社会状況は、一見すると関係論的なアプローチの正しさを裏付けるものであるようにも見える。けれどもその一方で変わりたいのになかなか変われない「自分」を切実に感じる人々が増えてきているという現実がある。各種のサイコセラピーの流行やそれを背景とする様々な自己啓発マニュアルの流通はそういった状況を反映するものと考えられよう。[32] 自分を変えたいと願うすべての人々がよく知っていることであるが、自分を変えることはそれほどたやすいことではないし、「いまとは違う」「もっとすてきな自分」にはなかなか簡単になれるものではない。その難しさゆえにサイコセラピーや自己啓発マニュアルが要請され、商品としての価値を持つようになるのである。[33] あるいはむしろ「自己は変わりやすいものだ、あなたもすぐ変わるはずだ」という語りが繰り返されればされるほど、なかなか変われない自分を強く意識してしまうという逆説的な過程が働いているようにさえ見える。

ではこういう人々は、関係論的自我論が教えるように、自分を取り巻く関係を変えれば変わることができるのだろうか。例えば、家族を離れる、転職して職場を変える、引っ越して住む場所を変える、今の恋人・配偶者とわかれて別の人とつきあい始める等々、そういった手段によって変わることができるのだろうか。たしかにそういう形で自分を変えていくことのできる人もいるかもしれない。しかし、関係を変えるつもりがいつの間にかこれまでと同じ関係パタンを具体的な相手を変えただけで続けてしまっている、という訴えがセラピストのもとには多く寄せられている。言い換えると、自分を変えようとしていながら、実際にはなんとかしてこれまでの関係パタンを続けようとしているのではないかと見えるケースが多々あるのである。このようなケースの当事者から見れば、関係を変えるためにはそもそもこの自分がまずは変わらなければならない、というように感じられることだろう。彼ら・彼女らのリアリティの前で関係論は一種の循環に陥ってしまう。自己が変わるためには関係が変わらなければならない、だが関係をほんとうに変えるためにはまず自己を変えなくてはならない、というように。

だとすると〈自己が変わる〉ということは、〈関係が変わる〉ということと単純に同じなのではないと考えるべきではないか。関係を変えることと自己を変えることとの間に右で見たような循環関係が生じてしまうのだとすると、それら両方の変化が起こるためにそれらとは別の変化要因を考慮しなければならないと考えざるを得ない。物語論的アプローチは、この別の要因を自己物語の「語り得なさ」に求めるものだ。すなわち、自己が自己物語を通して産み出されるのだとすると、自己の変化とは自己物語の書き換えであると見ることができる。そして、自己物語が完全に固定的・閉鎖的なものではなく、ときに書き換え可能なものとなるのは、それが必ず「語り得なさ」をはらんでおり、したがって必ず不確定・未決定なものであるほかないからだ。語り直し、書き直しとはこのような語り得なさ（不確定性・未決定性）をあらわにし、活性化させることによって行われるものである。

もし自己物語が変わりにくく、書き換えにくいものであるならば、それは物語の語り得なさがそれだけ首尾よく隠蔽されているためであるということになるだろう。逆に、隠蔽がうまくいけばいくほど、それだけ自己物語は書き換えにくい、固定的・閉鎖的なものとなる。関係を変化させるということは、この隠蔽を解除することと必ずしも一致するわけではないから、隠蔽が非常にうまくいっている場合には関係を変えようとしてみてもなかなかうまくはいかない（したがって自己の変化も起こりにくい）と考えられる。物語論的アプローチの観点からすると、自己が変わるために必要なのは、関係を変えることとそれ自体というよりは、語り得なさの隠蔽を解除しうるように関係を変えることなのである。

したがって、ここで確認しておきたいのだが、物語論的アプローチは、自己を「単に」虚構「にすぎない」ものと見る立場とは区別されなければならない。しばしば自己が意味的・社会的に構成されたものであると見なす人々は、「単なる……にすぎない」という言い方で構成の変わりやすさの方を一面的に強調しがちである。[34] 物語論的自己論はむしろ「単に物語の所産にすぎない」自己がなぜこれほどまでに変わりにくいのかという点にこそ探求の照準を合わせているのである。

以上が本書の主張の概略である。これから後の章では、まず物語論の大きな流れをおさえ（第二章）、家族療法における物語論の展開を検討する（第三章）。ついでその社会学的含意を確認した上で（第四章）、最後に社会学において最近注目を集めている社会構成主義（構築主義）と自己物語論の関連を見ることにする（第五章）。

注

（1）それはある種の幻なのかもしれない。だが、幻であるとしてもなんとそれは根強い幻であろうか。そしてこの幻の強さこそがむしろ本書での探求の課題となるだろう。

（2）「自己愛」や「自己実現」が強調される社会についての社会学的分析はこれまでにもなされてきたが、それらもまた一定の「自己」概念（例えば成熟した、公共的な、市民的な等々の「あるべき」自己）を前提にし、そこを準拠点にして分析や批判を展開するものであった（例えば、Lasch, C.［1979＝1981］、Bellah, R. eds.［1985＝1991］、Sennett, R.［1977＝1991］などを見よ）。また、多重人格に対する関心の高まりについては、浅野［1996］［1999］も参照。精神科医香山リカは、これらの現象を一括してみな「自己愛」の変形だと見なしているが、そこでもまた一定の「あるべき」自己像（「等身大の自分」）が前提とされている（香山［1999］）。なお、このような自己の主題化には、消費社会の高度化が関連していると考えられるが、これについては別途論じる必要があるだろう。

（3）フランスの哲学者ジャン＝フランソワ・リオタールは、社会全体が一つの大きな物語（「進歩」、「理性」、「革命」といったような）によって覆われている状態をモダンと呼び、そのような大きな物語が信憑性を失って、無数の小さい物語へと断片化してしまった状況をポストモダンと名付けた（Lyotard, J-F.［1979＝1986］）。したがって、ポストモダン状況において人々は必ずしもお互いに共有していない各自の小さな物語を生きることになる。現代社会が物語の無数の散乱によって特徴づけられるとするなら、それはポストモダン状況の一つの現れと言えるかもしれない。

（4）あとで見るように社会学者G・H・ミードは、自己に対する社会関係の先行性を強調した。それにならっていえばここで強調しなければならないのは、自己に対する物語の先行性である。

（5）例えば、榎本博明は、記憶の歪曲についてのいくつかの心理学的実験をこのような物語論的観点から解釈し直そうと試みている（榎本［1999］）。

（6）もちろん、明示的に自己物語を語る機会もまた現代社会では増え続けている。精神分析や種々のサイコセラピー、各種セルフヘルプグループ、自分史の執筆等々、今日の社会は、いたるところで、ますます自分を語るよう人々に迫り、あるいは誘い、語りへの欲望を喚起しているように思われる。自伝研究者ポール・ドゥレイニーは、一八世紀の世俗的自伝とルソーのそれとを並べてみせているのだが、そこで極めて印象的なのは（ドゥレイニー自身の論旨とは別に）、前者が自らを卑下し、釈明とともに自伝を差し出すのに対して、後者は実に誇らしげにそれを高々と掲げて見せていることだ（Delany, P.［1969: 102-108］）。その延長上でいえば今日多くの人々は、語ることを――卑下するのでも誇るのでもなく――ひたすらに欲しているように見える。例えば、小林多寿子の研究が示すように、自分史の執筆を支える過程（講座・教室、編集、出版、流通）は産業としてすでに一定の地位を確立しているのだが、このことは自己語りへの需要の広がりと深さを示唆しているだろう（小林多寿子［1995］［1997］）。またアイデンティティに関わるトラブルをめぐって自分を語るように要請される場所は先進社会において年々増大している（Gubrium & Holstein［2000］）。第三章以下で見ていく家族療法の物語論的転回も、このような社会的・歴史的背景を抜きにしては考えることができない。

（7）「心の中のおしゃべり」とは、ヤキインディオの呪術師ドン・ファンの言葉である。自らの弟子であり文化人類学者でもあるカルロス・カスタネダに向かって、彼は、自分と世界についての決まりきったパタンが「心の中のおしゃべり」によって絶えず再生産され続けているのだと指摘する（Castaneda, C.［1972＝1974］、真木悠介［1977］）。なお「心の中のおしゃべり」と他人に向けての語りがずれてしまう場合も当然あり得るだろう。このずれが耐えがたく拡大してしまったと当人に感じられているときにどのような対処方法があり得るのかは、また別の重要な問題である。

（8）この二つの世界を、例えばキャサリン・ヤングは、物語領域（storyrealm）と物語世界（taleworld）と名付けている。物語領域において人は誰かに物語を語り、その物語世界の中で登場人物にとっての世界が展開される（Young, K. G.［1987］）。

（9）虚構として明確に自立した言説（例えば文芸作品）の場合、視点は、正確には、作者／語り手／登場人物の三重に分離しているというべきかもしれない（野家啓一［1996］）。

（10）フランスの文学理論家フィリップ・ルジュンヌは、自伝というジャンルを作者／語り手／登場人物の一致によって特徴づけた。そしてこの一致はある種の契約によって成り立つものであると主張する（Lejeune, Ph.［1975＝1993］）。

（11）哲学者リクールは、時間と物語との関連を解釈学的観点から探求した。彼の考えでは、「時間は物語の様式で分節されるのに応じて人間的時間になる」のであり「物語は時間的存在の条件となるときに、その完全な意味に到達する」のだという（Ricoeur, P.［1983＝1987: 99］）。第三章以降で焦点となる家族療法においても、従来のシステム論的発想と物語論的発想の差異は、後者が時間の流れに沿った意味構成の展開を重視する点にあると考えられている（例えば、Hoffman, L.［1990］、Eron, J. B. & Lund, Th. W.［1996］などを参照）。社会学においても、生起した事実の時間的順序とそれが語られる時間的順序の対応に着目して、物語という語り方の特性を明らかにしようとする議論が早くから提起されている（Labov, W. & Waletzky, J.［1967: 20］）。

（12）第二章で見るのだが、この点について歴史哲学は洗練された議論を展開している。例えば、ヘイドン・ホワイトは、年表から歴史が離脱する分岐点を、複数の事実を選択・配列するための準拠点の出現に求めている（White, H.［1987］）。すなわち国家の成立である。またダントは理想的編年史という仮説を使用して、歴史を語るということは事実をありのまま詳細に記録することではないということを示した（Danto, A.［1965＝1989］）。ちなみに宗教人類学者竹沢尚一郎は、社会の構造が部族連合型から王を中心にした集権型のものに変わると、その社会に伝承される起源の神話も変容していくと報告している（竹沢［1992］）。

(13) 物語の仮定法的性質については多くの指摘がある(例えば、Turner, V. [1974=1981]、Bruner, J. [1990=1999]を参照)。家族療法においては、事実を仮定法化するような質問('might have'や'would have'等を用いた質問)が重要な技法として用いられる。

(14) 他者の偶有性が最も先鋭に現れるのはおそらく恋愛の場面においてであろう。この観点から他者に出会うことの原理的困難を理論的に論じたものとして大澤真幸[1998b]を参照。

(15) 哲学者アラスデア・マッキンタイアは、道徳を伝達するためには物語が不可欠であると論じている(MacIntyre, A. [1981=1993])。納得させるとは正当化するということであり、他者を同じ道徳世界に誘い入れることなのである。また、哲学者野家啓一も、ベンヤミンや柳田を引用しつつ、共同体における経験の伝承を物語の重要な要素として位置づけている(野家[1996])。

(16) 家族療法では、この語る権利(entitlement)の問題が、様々な差別や力の格差の問題と関連して重要なトピックとなっている。

(17) 物語るに値することは何かということは、常に競争にさらされている(Polanyi, L. [1979])。物語の構造による正当化が物語世界(taleworld)に属するとすれば、ここでいう正当化競争は物語領域(storyrealm)に属するものだ。

(18) 例えば、自分の行為を説明することが遡及的に行為の動機を現実的なものとして構成する(井上俊[1997])。また、イギリスの社会学者アンソニー・ギデンズは、現代社会における自己アイデンティティを「再帰的プロジェクト」、すなわち自分自身でたえず作り出していかなければならないものであると論じた(Giddens, A. [1992])が、ここで忘れてならないのは、このプロジェクトが必ず自己物語の聞き手(他者)を経由しなければならないということである。

(19) 第三章で見る家族療法もまたそのような制度の一つである。現代社会がそのような制度を必要としていることは、そこに生きる人々が自らについて物語るよう強い圧力を受けているということを示唆している。

(20) そしてこの二つの訴えは、時間がばらばらになるという点で同じ根を持つものであると感じられているようだ。ここでもう一度、リクールが時間と物語の間には本質的な関係があると指摘したことを思い出しておこう。ちなみにこの患者の言葉は、ある意味では、「私はいない」という内容を持った自己物語であるとも言える。ここにはあとで見る自己言及のパラドクスが端的に表現されているとも言える。

(21) いわゆる社会構成主義とよばれる立場においては、相対主義と権力論とがワンセットになって提示されることが多い。このとき権力を論じる視点は、複数の物語の間を見通す視点、いわば諸々の物語を上から眺める視点に立っている。したがってこのタイプの権力理論(あるいはしばしば権力批判)は、物語に対して外的・超越的な視点をとることになりがちである。これは物語論としては不徹底ではないだろうか。この点については第五章であらためて論じたい。

(22) 「発話行為の主体」と「発話の主語」との区別はラカン派の強調するところである。例えば、ジジェクによればこの二つの間の分裂をもっとも先鋭に現しているのがスターリン体制下での政治裁判の言説であった(Zizek. S. [1989: 173-174])。すなわちそこでは発話行為の主体として「よきコミュニスト」であるためには、発話の主語としては「ブルジョワ的なものへの愛」を告白するのでなければならない。

(23) 例えば「この命題は偽である」という自己言及的命題は、これを真であると仮定すれば偽となり、偽であると仮定すれば真となるので、その真偽を定めることができない。

(24) とるに足りない性質であれば、たとえ自分自身に属するものであれ人は容易に対象化して語り得る（例えば自分の右手に小さなほくろがあること、のように）。だがその属性が自分のアイデンティティの中核に関わることについてはそれほど容易には対象化し得ない。

(25) アルコホリックの代表的自助グループであるＡＡ（Alcoholics Anonymous）では、「底をつく」体験を語ることと同時に、自分自身を「現在は断酒しているに過ぎない潜在的なアルコホリック」であると語ることが強く推奨されている（Holstein, J. A. & Gubrium, J. F.［1999］）。このような語りは、単なる回心物語よりもさらによくパラドクスを回避することができる。なぜなら、それは後の逸脱に対する免疫効果を持っているからだ。すなわち、仮にこの語り手が再びアルコールに手を出してしまったとしても、最初から自分はアルコホリックだと言っているのだから、それによって語りの信憑性は直接には損なわれないのである。

(26) トラウマ的体験を想起し語ることの困難さは、例えば、クロード・ランズマンの『ショアー』という映画によって生々しく伝えられている。これはナチスドイツのユダヤ人収容所を体験した人々をたずね、当時の記憶を詳細に想起してもらう過程を記録した映画である。高橋哲哉は、この映画の中でもとりわけ過酷な想起の場面をとりだし、トラウマ的記憶を語り得るものに変えるための徹底操作であると論じている（高橋［2000］）。

(27) 次章でみるように、ロラン・バルトらの物語分析は、このような隠蔽の解除を目指すものである。だが一般に隠蔽が見えるためには、ある物語が変容する（書き換えられていく）場面に着目する必要があるだろう。第三章で家族療法を取り上げるのはそのためである。

(28) 幼児期の言語習得と物語習得についてはブルーナー（Bruner［1990＝1999］）を参照。

(29) このような他者が実在の他者だけとは限らない。第三章で見る物語療法ではすでに死んだ人や遠く離れて住んでいる人を仮想の聞き手として活用することがある。また、麻生は、子供たちが成長のある段階で他人には見えない「想像の遊び友だち」を自分だけの話し相手として作り出すことがしばしばあると報告している（麻生［1996: 121］）。

（30）大澤真幸の次の指摘はこれに関わって興味深い（大澤［1998a］）。『金田一少年の事件簿』という人気コミックでは、子守唄や童謡が殺人のモチーフとして頻繁に用いられる。物語の中でそれらの歌の通りに殺人が起こっていくのであるが、結末においてはそれらが「ほんとうの」あるいは「人間的な」動機（恨みや欲など理解しやすい動機）をカムフラージュするために利用されたに過ぎないものであったということが明かされるのである。だが、と大澤は言う、コミック全巻を通してこれだけくりかえして子守唄や童謡が用いられるのをみていると、ほんとうは人間的な動機の方がカムフラージュで、それよりも深いところでストーリーを動かしているのは歌の方ではないかと思えてくる、と。

（31）ホルスタインとグブリアムは、リースマンの議論を関係論的自我論の潮流に、ガーゲンの議論をそのあとに来るポストモダンの潮流にそれぞれ分類している（Holstein & Gubrium［1999］）。だが関係が変わると自己のあり方も変わるというように議論を組み立てている点ではどちらも同じ構造を備えているというべきであろう。

（32）このような状況を指して森真一は「社会の心理主義化」と読んでいる（森［2000］）。

（33）その意味では「自己とは変わりやすいもの、すぐ変わり得るものである」という語りは、社会学的自己論のものであると同時に（あるいはそれ以上に）、自己が変わるための方法を商品として売り込むための広告の言説であるとも言える。

（34）あとで見るように心理学者イアン・クレイブはこのような理論を躁病的である、と評した（Craib, I.［1997］）。

第二章　物語論の諸潮流

物語論と一口にいっても、そのなかには様々な議論が含まれる。そこで本章では、これまで社会学に隣接する諸分野で物語論がどのように受け止められ、活用され、展開されてきたのかを簡単に概観し、整理しておくことにしよう。その整理を通して、「物語」がもっている形態上の特徴とその固有の働きを見ることができる。

ところで、なぜ社会学の隣接分野から話を始めるのかというと、それは、社会学よりも隣接分野の方が「物語」という概念・枠組を早い時期に利用し始めたからだ。社会学でも近年（とくに一九九〇年代後半以降）「物語 narrative、story」という言葉が理論的な意味を込めて用いられるようになってきている。(1) けれども、物語論が他の人文諸科学で積極的に論じられ始めたのはもう少し早い時期のことである。例えば、W・J・T・ミッチェルが編集した『物語について』という論文集をみてみよう（Mitchell, W. J. T. ed. [1981 = 1987]）。この本は、一九七九年にシカゴ大学で開かれた「物語——シークエンスの幻想」というシンポジウムをもとに出版されたものであり、「物語」という概念のもっている可能性を様々な角度から検討しようとする試みであった。そのため、文学だけではなく様々な領域（歴史哲学、精神分析、哲学、人類学等々）の人々が報告し、論考を寄せているのだが、それら多くの論者の中に社会学者の名前をみることはできない[2]。また、心理学者ドナルド・ポルキングホーンの仕事を見てもよい。彼は、一九八八年（ミッチェルの論文集の七年後）に出版した著作の中で、心理学（というよりも広く人間諸科学）を新しい方向へ展開させようとする企図のもと、幅広い物語論をいくつかの流れにわけて概観している（Polkinghorne, D. E. [1988]）[3]。同書の構成は、まず歴史学、ついで文学、そして心理学という順序で物語論がどのように活用されてきたのかを要約し、それらの議論がそれぞれ心理学にとってどのような意義をもっているのかを確認するという体裁を取っているのであるが、ここでもまた社会学には一章も割かれていないのである。

要するに、物語論を取り入れて利用するという仕事について言えば、社会学は隣接する諸学問にいくぶん遅れてそれに取り組みはじめたところだと言える。それは、しかし、別の角度からみれば社会学にとって有利なことでもあり得る。というのも、社会学は、それら他の諸学問が物語論をめぐって展開してきた様々な議論を参照し、そこから多くを学ぶことができるからだ。次章以降にそなえて本章でしておきたいのもまさにそのような参照と学習だ。

そこで、以下、社会学に関連が深いと思われるいくつかの分野で物語論がどのように展開されてきたのかを整理し、そこから何を学ぶことができるのかを明らかにしておきたい。とりわけ、そもそも「物語」とはいったいどのような形態をもった語り・言葉なのか、またそれはどのような効果をもっているのかという点をはっきりさせるように心がけよう。前章で述べた通り本書の基本的な考え方は、〈自己という現象を社会学的に理解する上で物語(あるいは自己物語)が鍵になる〉というものなのだが、そのような議論を展開するためにはまずそもそも「物語」がどのような形態と働きをもっているのかをある程度明確にしておかなければならないのである。

といっても、物語論に関連する議論は種々雑多で、実に様々なものを含んでおり、社会学と関連の深い分野にかぎってみてもそれらのすべてを詳細に検討することは難しい。ここでは、便宜上、歴史学・歴史哲学、心理学・社会心理学、イデオロギー批判、臨床心理学の四つの分野に限定した上で、それぞれの中でもとくに重要と思われる議論にしぼって見ていきたい。この四つの区分は、ポルキングホーンの場合にそうであったように、おおむね伝統的・制度的な学問の分類に即したものであるが、それと同時に、物語の形態や機能に即した区分でもある。これら四つをそれぞれ順番に検討したあとで(第1節から第4節)、最後の節で物語の形態と機能について整理することにしよう(第5節)。

1　物語としての歴史――歴史哲学の視点

最初に取り上げるのは、ふつう「歴史哲学」と呼ばれているような一連の仕事である。おそらく物語論のインパクトを文学以外の領域で最もはやく受け止め、それを積極的に自らの内側に取り込もうと努力したのは、この分野であった。このような努力の背景には、当時人文・社会科学を席巻していた論理実証主義の科学観に対して、歴史学が独自の対抗拠点を必要としていたという事情がある。

論理実証主義の主張によれば（例えばヘンペルの議論がその代表とされるのだが）、科学とは、観察された事実（データ）を蓄積し、それら事実の間に何らかの因果関係を見いだすこと、さらにそれを一般化して普遍的な法則を抽出することであるとされていた。容易に想像がつくことだが、これは物理学に象徴されるような自然科学を模範とした科学観であり、このような見方からすると歴史学はそもそも科学としての資格要件を満たしていないことになってしまう。なぜなら、一定の条件の下では必ず特定の結果が生じるというような一般法則を導き出す手段（自然科学の実験的方法に匹敵するような）を歴史学はもっていなかった（あるいは今ももっていない）からだ。歴史哲学は、歴史学の認識を根拠づけることをその主たるつとめとしているので、このような論理実証主義的科学観に対抗して別の側面から歴史学的認識を正当化する必要に迫られていたのである。

例えばルイス・ミンクは、歴史学のつとめを、出来事と出来事との関係を多くの人にとって理解可能なものにすることであると主張した（Mink, L. O. [1974]）。彼の考えでは、人間の関わる出来事は、いつでも何らかの意味を帯びて現れ、それゆえ、つねに何らかの解釈の結果でしかあり得ない。そして歴史学とはまさにそのような人間的出来事を対象とする学問なのだから、様々な出来事を意味のあるまとまりへと配置していくことこそがそのつとめとなる。重要なのは、因果関係やそこから引き出される一般法則などではなく、出来事の間に意味的な関係を見いだし、それを理解しやすいまとまりへ変えていくことなのである。そして「物語」という枠組みは、この意味的なまとまりを把握（ミンクはここで comprehension という言葉を使っている）するためにどうしても必要なものとされる。彼にとって物語は、歴史的な出来事を意味的なまとまりへ組み立てていくための枠組みのようなものなのである。

論理実証主義から物語論へというこの理論上の変化をミンクは次のように表現している。

変化は理論への関心から物語への関心ということだ。すなわち「物語的説明」というのはもはや語義矛盾ではないのである。しかし、形式的モデルに関連して定義された説明という概念から、理解という概念への移動もまた生じている。後者はおそらく定義は

不可能だが、それが達成されたときの体験を反省してみれば明らかになるであろうものだ。(Mink [1974: 110])

「理論」への関心から「物語」への関心への移動、そしてそれに伴う「説明」から「理解」への移動。これは物語が意味的なまとまりを生み出すものであり、したがって「説明」というよりはむしろ「理解」をもたらすものであることがここで明言されているのである。

また、時間的順序は前後するが、ミンクよりも早い時期に、そもそも歴史が記述しているのは単なる「事実」以上のものであるということを、分析哲学者アーサー・ダントが鮮やかに示している(Danto, A. C. [1965=1989])[4]。彼の考えでは、事実(データ)の蓄積から法則を抽出するどころか、それ以前に事実の記述という点においてさえ、物語という枠組みが必要となるのである。

彼もまた、歴史学の仕事を「解釈」という方法によって出来事の「意味」を探求することであると考えた。彼のいう意味とは、「出来事が、それら自身を構成要素とするより大きな時間的構造に関連づけられるとき」(Danto [1965=1989: 20])に見いだされるものであり、そのために出来事は物語という大きな枠組の中に位置づけられなければならない。言い換えると、「ある出来事の意義をその語の歴史的な意味で問うことは、物語のコンテクストのなかでしか答えることのできない問いを立てることにほかならない」のである（Danto［1965＝1989: 23］）。

ダントのこのような結論は、「理想的編年史家」という一風変わった記録者を仮定することから引き出される。理想的編年史家というのは、この世界に起こることをリアルタイムにすべて詳細に記述していくことのできる、完全な観察者・記録者のことであり、したがって、彼の手元にある記録ノートには世界中で起ったすべての出来事が観察された通りに記されている。しかし、とダントはいう、このノートは決して歴史ではあり得ない。例えば「セルビアに響いた一発の銃声が第一次大戦の引金をひいた」というほとんど教科書的ともいえる記述を考えてみよう。この記述が理想的編年史家によってなされえないことはあきらかであろう。なぜなら当該の「銃声」がいったい何の引金をひいたのかということは、第一次大戦が勃発してからでなければ分からないし、さらにいえばそれが「第一次」大戦であるということは、そのあとの第二次世界大戦の勃発（さらにいえば終了）をまって、はじめて分かることだ[5]。

このように歴史学がある出来事を記述するということは、その出来事をそれが起ったままに記述することなのではなく、必ず後の時点からふり返って記述することなのだ。したがってそこには必ず事後的な視点からの出来事の取捨選択と配列・構造化が加えられるのであり、それこそが理想的編年史家に決定的に欠落しているものなのである。そして「物語とはある出来事を別のものと一緒にし、またある出来事を関連性に欠けるとして除外するような、出来事に負荷された構造である」のだとすると（Danto［1965＝1989: 161］）、結局、理想的編年史家の記述に欠けているのは物語だということになるだろう。

同じように歴史哲学者ヘイドン・ホワイトは、中世につくられた年表（例えばサン・ガル年表）が後年の歴史学的な記述（例えばリシェのフランス史）とどのような点において異なるのかという問いに対してこう答えている（White, H.［1987］）。前者が様々な事象の間の相対的関連付け（すなわち構造的配列）を欠いているのに対して、後者はそれをこそ本質としているのだ、と。物語とはつまるところこの関連付けるという作業を意味しており、それは「それがなければ単なる年表になってしまったであろう歴史的事象の一覧表をあるストーリーへと変容させる働きをする」。そして物語ることは、「年表化のそれとは全く異なった意味を産出する」のである（White［1987: 42-43］）。(6)

こういった物語論的な歴史哲学の主要な議論がほぼ出そろった一九八〇年代、哲学者ポール・リクール（彼自身は歴史哲学者というわけではないのだが）は、解釈学的な観点から、その主著『時間と物語』の第二部「歴史と物語」の中で、それら物語論的な歴史理論を詳細に検討している。彼は、ダント、ギャリー、ミンク、ホワイト、ヴェーヌの議論をそれぞれ要約し、検討した上で、物語と歴史学の関係をあくまでも間接的なものであり、以下の三つの点で直接的なものではないと指摘した。すなわち後者は、概念化や客観性を要求され、その水準での批判にさらされるという点で（「手続きのレベル」）、また登場人物が必ずしも存在しないという点で（「本質体のレベル」）、さらにその時間が行動主体となる人間にとっての時間とは違っているという点で（「時間のレベル」）、前者からは断絶しているのである。しかし、だからといって「歴史学が物語と一切の関係を断てば、歴史学はその歴史的性格を失ってしまうだろう」とも言う（Ricoeur, P. [1983＝1987: 309]）。つまり、歴史と物語とは直接的には断絶しているが、それでいてまったく別のものというわけではなく、何らかの間接的な絆で結ばれているというのである。

　そこでリクールは、この間接的な関係を明確にするために、歴史学の語りを、素朴な物語の上に、それを前提としながらなされるより高次の形象化であると論じた。そこで用いられる手続きは、法則による説明と筋立てによる理解の間にある「準筋立て」であり（手続きのレベル）、その登場人物は国民や国家といった「準登場人物」であり（本質体のレベル）、その時間は歴史的な出来事の時間であるとされる（時間のレベル）[7]。だから結論としては、歴史もある意味で物語であるということになる。

　これに先だつ部分で彼はその物語の筋について次のように書いていた。

話の筋を追うことは、偶然の出来事やどんでん返しの中を期待に導かれて前進することであり、その期待は結末において満たされる。この結末は、先行する何らかの前提により論理的に含意されているものではない。結末は話に『終点』を与え、終点は、話が全体を形成するものとして認められるような視点を提供する。話を理解するとは、継起するエピソードがなぜ、どのようにして、この結末に到達するかを理解することであり、その結末は予見されるどころか、話によって集められたエピソードと適合するものとして最後に受け入れられるものでなくてはならない。（Ricoeur [1983＝1987: 121]）(8)

物語られる様々な出来事（エピソード）は、最終的に結末からふり返ってみたときに納得のいく形で「全体を形成する」のでなければならない。ミンク、ダント、ホワイトと同様、リクールもまた出来事を事後の視点から時間軸にそって選択的に配列し、構造化するという意味での物語化を歴史学にとって必須のものと考えていたのである。

ここで紹介した議論の共通点として取り出せるのは、歴史学が時間軸にそった出来事の構造化であり、その意味で物語であるということだ。すなわち歴史の記述が可能になるためには、後の時点に立って過去をふり返り、そこから出来事を選択・配列する構造化の過程が必要になるのであり、その過程こそが物語によってもたらされるものなのである。(9) この〈時間軸にそった出来事の構造化〉を物語の形態上の特徴としておさえておくことにしよう。

2 物語としての認識——心理学の視点

二つ目に紹介するのは、心理学や社会心理学を中心として展開されてきた議論である。前節で見てきた歴史哲学の物語論は、物語が歴史を認識する際のモデルになり得るというものであり、そこで物語を用いるのはもっぱら歴史学の研究者たちであった。それに対して心理学的な物語論は、物語の働きを研究者の認識だけではなく広く認識一般にまで拡張しようとする。実際、歴史や社会について日々様々な認識を生み出しているのは、何も研究者としてそれに携わる者だけではない。どんな人であれ、その生活を営む上で、何らかの歴史認識や何らかの社会認識をたえず生み出し、ときに訂正し、また伝達しているはずだ。さらにいえば、「社会」や「歴史」といった大げさな——いわば大文字の——認識ばかりではなく、そもそも日常的な諸体験そのものがどれもみな意味的に構成され、解釈過程のうちにおかれているのだから、そこでもまた物語化のはたらきが必要とされているのではないか。すなわち物語という枠組は、研究者の認識にとって不可欠であるばかりでなく、人間の体験構成一般にとってもまた必須の重要性をもつものではないだろうか、と物語論的心理学は考えるのである。

このような考え方の最初のモデルを提示したのは、心理学者ジェローム・ブルーナーであった（Bruner, J.［1986＝1998］［1987］［1990＝1999］）。彼は、人間の認識のあり方に二つの様式を区別し、一方をパラディグマ的モード、他方を物語的モードとよんだ。パラディグマ的モードとは、自然科学に代表されるような認知・思考の様式であり、「記述や説明にかんする形式的な数学体系の理念」や「一貫性と無矛盾性という必要条件」を特徴としており、他方、物語的なモードは文学に代表されるような認知・思考の様式であり「みごとなストーリー、人の心をひきつけるドラマ、信ずるに足る（かならずしも『真実』ではないとしても）歴史的説明などをもたらす」。両者は相互に還元不可能であると同時に相補的な関係にあり、自然科学においてはパラディグマ的モードが支配的であるが、人間の認識活動一般にとっては物語的モードがきわめて重要なものなのである（Bruner［1986＝1998: 18–20］）。

人間の認識活動にとって物語的モードがどれほど根強いものであるのかを、ブルーナーは次のような実験を参照しながら強調している（Bruner［1986＝1998: 148］）。これは本来は概念形成過程を探るための実験で、被験者に何枚かのカードを見せて、しかるべき属性によって正しいカードとそうでないカードとを識別するよう求めるというものであった。このカードが、単純な図形を描いたものであり、求められる識別の基準が色や形、大きさといった属性である間は、被験者は次第に首尾よく正しいカードを選びだせる（正しい概念を形成する）ようになっていくのだが、カードに描かれているものが人間の姿になると、とたんにうまくいかなくなってしまう。どうやら被験者は、識別基準を見いだすことよりも、その図を物語的に解釈し、それらの間の関連を探る方に注意を奪われてしまうのである。彼らの認識は自分でも気づかぬうちにパラディグマティックなモードから物語的なそれへと移行してしまっているわけだ。

ではこの物語とはどのようなものであるのかというと、彼はそれを次の四つの点によって特徴づけている（Bruner, J. [1990＝1999: 61-74]）。第一に、物語は時間軸にそって出来事を構造化するものであり（これは前節でみた歴史哲学の物語論にも共通する考え方だ）、第二に物語は、語られた出来事が事実かそうでないかにはさしあたり無関心である。[10]また、第三に物語は、相互行為のなかで生じた人々の規範からの逸脱をうまく理解できるように説明し、いわば規範の側へと再回収するものであり（歴史哲学の物語論でいう出来事の選択・配列がこれにあたるだろう）[11]、第四に物語の登場人物は一連の行為の背後に独自の意識の動きをもっている（行為と意識を彼は二重の光景と呼んでいる）[12]。とりわけ四つ目は、歴史哲学の物語論のなかでは明示的に論じられてこなかった点である。

このような特性は、子どもが言語を習得していく過程のかなり早い段階から現れてくるものであることを指摘した上で、彼は、「人の経験を物語体制化へと押し出そうとする力こそが言語獲得プログラムでのこれらの特質の優先性を確かなものとしている」（Bruner

[1990＝1999: 112]）と論じた[13]。また上の四つの特性に加えて、彼は、物語の習得や実践がいつでも相互行為のなかで、様々な他者を相手にして行われるということをしばしば強調しているので、これ（物語の相互行為性）を物語の五つ目の特性に数えてもよいかもしれない（これもまた心理学的物語論独自の強調点である）。

もしこのように物語的な認識が人間にとって根本的なものであるとすると、自己というもの、私というもの、あるいはセルフ・アイデンティティそれ自体もまた物語的に構成されているということになるだろう。ケネス・ガーゲンらの自己物語論は、まさにそう主張するものだ（Gergen, K. J. & Gergen, M. M. [1983] [1984] [1986]）。ここでいう「自己物語self-narrative」とは「個人が自分にとって有意味な事象の関係を時間軸にそって説明account すること」（Gergen & Gergen [1983: 255]）であり、言い換えると「到達点 goal state あるいは価値を帯びた終点を設定すること」、およびそれに準拠して「到達点が多少なりともありそうなものになるように、進行する諸事件を選択・配列する」（Gergen & Gergen [1984: 175]）ということである。このような営みによって語り手の人生に関わる諸々の出来事の間には一貫した関連性（筋あるいはストーリー）が与えられ、それとともに彼・彼女の現在の生に意味と方向性の感覚がもたらされる。

さらに彼らは、ブルーナーと同様あるいはそれ以上に、物語の相互行為的な性質を強調し、物語を語る際の聞き手や共演者としての、あるいは別の物語の語り手としての他者との相互行為を主題化することに力を注いだ。家族療法家たちとの共著においてガーゲンは、物語療法の前提とする物語の概念が個人の内部に存在する認識フィルターのようなものとなっていることに警告を発しているが、これも同じ理由からだ。すなわち、物語が個人の内部に据え付けられた認識メカニズムのようなものになってしまっては、それが相互行為のダイナミックなバランスの上に成り立っていることが忘れられてしまう危険性があると彼は考えているのである。

このことはレイヴとウェンガーが『状況に埋め込まれた学習』という言い方をするときに含意していることと表裏一体をなす。彼らは、共同体の中で技能が伝達され、集団加入者が見習いから正規の成員へと育っていく過程で、語りの果たす役割を強調している。例えばアルコール依存症者のセルフヘルプグループAA（Alcoholics Anonymous）の活動に着目して、彼らは次のように指摘する。

> パーソナル・ストーリーを話すことは診断と再解釈の道具になっている。それを集団で行うということは、回復したアルコール依存症者としてのアイデンティティを形造るのに不可欠であり、飲まないことを続けるためにも不可欠である。そうした語りは共有された実践の重要な機能を果たすことで成員たることの表明になっている。（Lave, J. & Wenger, E.［1991＝1994: 94］）

このとき物語とは「状況に埋め込まれた知識のパッケージ」であり、これが習得されるにしたがって加入者は正規の成員へと成長していくのである[14]。ガーゲンが、関係のあり方が物語を規定するという方向で考えたのに対して、レイヴとウェンガーは物語の流通が関係を支えているという方向で考えているわけだ。かくして物語を間において一方に特定の形を取った諸関係が、他方にその関係を生きる語り手が、ダイナミックにバランスをとりながら現われてくる[15]。

　このように人々が、世界や自分についてそれぞれのやり方で物語化しながら生きているのだとすると、当然、物語は複数存在することになるだろう。したがって、認識論的な視点から物語論を受容することは、「ただ一つの世界」という認識論的な信念をすて、世界や自己には複数のバージョン（Goodman, N.［1978＝1987］）が存在するのだという考え方を受け入れること、またそれら諸バージョンの間の優劣を客観的に評定し得るような超越的な視点が存在しないという事態を受け入れることでもある。もしそのような視点が存在するように見えたとしても、実際そこにあるのは交渉によって達成された暫定的な合意だけなのである[16]。

　ここでみてきた議論の共通点として取り出せるのは、人間の認識が物語を通して構成されるということ、および物語が、経験を構造化するだけでなく、語り手とは区別される登場人物独自の視点（「意識の光景」）を生み出すものであり、しかも語りの過程の全体がつねに他者との相互行為のなかにおかれているということだ。ここでは、この〈登場人物の視点の創出〉と〈語りの相互行為性〉を物語の形態上の特徴として、また〈経験の構成〉を物語の効果の一つとして、それぞれおさえておくことにしよう。この二つの特徴は、物語という概念の射程範囲を研究者の認識からすべての人間の認識一般にまで拡げたことで、浮かび上がってきたものである。[17]

3　物語としてのイデオロギー――イデオロギー批判の視点

三つ目の流れは、イデオロギー批判の視点を強調する物語論だ。前節でみたように、ブルーナーは、物語が規範的な要素を含んでおり、それによって語られるべき出来事が選びだされているということを（物語の）重要な特徴の一つと考えていた。イデオロギー批判の視点は、この「選びだし」の裏側、すなわち選ばれずに捨てられる出来事があるということ、そして、にもかかわらず、しばしばあたかもそこには初めから何もなかったかのように装われているということ、そういった「排除」と「隠蔽」の働きを物語の重要な特徴と考える。

例えば、ヘイドン・ホワイトは、第一節でみてきたような物語論的歴史認識をめぐる議論を概観した上で、英米系・分析哲学系の物語論と、フランス系・記号論系の物語論を対比して次のようにいっている（White [1987: 38]）[18]。すなわち、前者が物語を歴史記述の適切な手段であると支持するのに対して、後者は物語的記述がもつイデオロギー的な作用を批判するものだ、と。というのも、後者（記号論系）の視点からすると、前者（分析系）は、物語が、あくまでも言語的な操作で産み出したものを無自覚に自然なものであると信じ込みすぎるように思われるからだ。イデオロギー批判というのは、この「自然」を装ったものが実は自然でもなんでもなく、あくまでも言葉を操作する中から生み出されたものであることを明らかにしようとするものである。

その「言葉を操作する」ということについて、これまでの議論を踏まえながらもう少し整理しておこう。ここまで見てきたように、物語が様々な出来事を選択的に構造化し、体験を意味あるまとまりへと整理する枠のようなものだとすると、その選択のために何らかの基準が必要となるはずだ。この基準によってある出来事は選びとられ、別の出来事は捨てられ、また選びとられた出来事も決してランダムではなく、ある特定のパタンにそって並べられるのである。物語を語り、それによって整理された秩序ある世界や自分を生きるということは、したがって、その選択の基準をも（意識的にせよ、無意識的にせよ）受け入れるということでもある。ここで注意を向けてほしいのは、このとき、しばしば、この物語が「自然」で「当然」のもの、また「他ではありえない」もののように現れるということだ。むろん原理的には、前節でも確認しておいたように、複数の物語の間の優劣を判断する視点など存在しないのであり、世界も自己も複数の語り方に開かれていると同時に、どの物語も多くのバージョンの中の一つにすぎない。にもかかわらず、ある物語だけがたった一つの自然な語りであるように思えてしまうことがしばしば起る。つまり、あるやり方で「言葉を操作する」ことによって、実際には特定の規範にしたがって選択されている（その意味できわめて人為的かつ社会的な）物語が、まるで自然、当然、必然であるかのように装われてしまう。そのような「やり方」、あるいはそのような「語り方」がイデオロギーと呼ばれるものであり、物語はそのようなイデオロギー機能を果たしているというのが、この三つめの潮流に属する人たちの考え方なのである。

イデオロギーの働きは、したがって、〈隠蔽と排除によって自然を装うこと〉だとひとまずは言っておくことができるが、もうすこし細かくいうと、そこで隠蔽・排除されるものには、少なくとも二つの種類があるように思われる。一つは、物語が「別なようにも語り得たはずだ」という可能性の隠蔽であり、もうひとつは、物語が「どっちが正しいともつかぬ矛盾や未決定性」を含んでいるということの隠蔽だ。前者を「可能性の隠蔽」、後者を「矛盾の隠蔽」と呼ぶことができるだろう。以下、それぞれに対応する議論をごく簡単に紹介する。

一つ目の「可能性の隠蔽」について。ホワイトが記号論系の理論家としてその名前をあげているロラン・バルトが『神話作用』以来、一貫して分析の対象としてきたのは、そのような可能性を隠蔽することで「自然性」をよそおうという物語（あるいは神話）の力であったと言ってよいだろう[19]。例えば物語のこのような力は、語りの冒頭においていかんなく発揮されるとバルトは指摘する。すなわち、

> 冒頭は言語の危険地帯です。語り始めるということは、むずかしい行為なのです。それは沈黙からの脱出です。実際、あそこではなく、ここから始めなければならないという理由はありません。（Barthes, R.［1985＝1988: 159］）

ある物語を「あそこ」からではなく「ここ」から語り始めなければならない理由は何もない。もし「ここ」ではなく「あそこ」から語り始めていたならば、今語られているのとはまったく別の物語が繰り広げられていたかもしれない。そのような（「あそこ」から始まる）別の物語も論理的には可能であったはずなのだが、そのような可能性を物語は、様々なコード（一定の知と結び付いた特定の語り口）を駆使して隠蔽してしまうのである。あたかもそこから語り始めるのが自然で当然であるかのように。そしてこのようなコードによる隠蔽は冒頭のみならず物語の全体、その隅々にまでおよんでいる、と彼は言う。例えば、

自然科学のコードを持ち込むことでその語りに客観性の装いを与え、法律のコードを持ち込むことで語りに法的正当性を、聖書のコードを持ち込むことで宗教的正当性を与え、等々。語り手は、そうした操作をたえず行うことで、物語の（別なようにも語り得たという）「可能性」を隠蔽し続け、まるでその物語がただひとつの自然で当然なものであるかのように装い続けているのである。

だから物語を解読するときには――冒頭の部分にかぎらず――「記述の自然らしさを信用すべきでは」ないし、「たえず、わかりきったことという印象、書かれていることの《言うまでもない》といった調子に抵抗しなければ」ならない（Barthes［1985＝1988: 151］）。物語の分析とは、バルトにとって、このようなコードの戦略を解きほぐし、そのイデオロギー的な働きを解除していくことを意味するものだ。

二つ目の「矛盾の隠蔽」について。バルトが物語における「可能性の隠蔽」を強調したとするなら、レヴィ＝ストロースが強調したのは、物語が矛盾を隠蔽する働きをもっているということであったといえるだろう。彼は「神話の構造」と題した論文において、オイディプス神話の構造分析を試み、そこに対立しながら反復される一群の関係を見いだした（Levi-Strauss, C.［1958＝1972］）[20]。これらの関係の底の部分にあるのは、（オイディプス神話の場合について言えば）人間の「土からの出生を認めずにすませようとする努力」と「その成功の不可能性」という矛盾である。物語のなかで形を変えて繰り返される対立はこの基底にある矛盾の置き換えであると解釈して、彼はこう言う。

もし神話の目的が矛盾を解くための論理的モデルの提供にある（矛盾が現実的な場合には、これは実現不可能な仕事である）ということが本当なら、ひとつひとつ前とはやや異なるような薄片が、理論上は無限数生み出されることになる。神話は、その誕生を促した知的衝撃が尽きるまで、螺旋状に発展するだろう。（Levi-Strauss［1958＝1972: 254］）

つまりある矛盾が、現実には解消不可能であるのに、神話や物語の中ではたえず別のものへと置き換えられていき、そのつど暫定的な解決を与えられる。しかしそれはあくまでも暫定的な解決でしかないので、つねにつぎの置き換えが必要となり、置き換えは「理論上は無限数生み出され」、神話はその現実的な矛盾が意味を失うまで「螺旋状に発展する」、ということだ[21]。神話や物語とは、このような矛盾の置き換えと隠蔽のために用いられる語り方なのである。

ここでいう物語・神話もある意味で自然性を装っているのだが、それは物語・神話の核心にある矛盾をうまく置き換える限りにおいてのことである。物語が、自己や世界の自然で自明な構成を生み出すためのひとつの条件は、それが一貫したまとまりの中に様々な出来事を位置づけるということであろう。そのためには矛盾は注意深く隠されていなければならない。レヴィ＝ストロースの神話についての議論は、このような矛盾の隠蔽に光を当てたものと考えることができる。

この節で紹介した議論の共通点として取り出せるのは、イデオロギーとしての物語が一方では、別なように語り得る可能性を、他方では、物語中の矛盾を、それぞれ隠蔽することによって自然性を装うということだ。すなわち出来事を選択・配列し構造化する過程は同時に隠蔽と排除の過程でもあるわけだ(22)。この〈可能性と矛盾の隠蔽〉を物語の機能上の特徴としておさえておくことにしよう。

4 物語としての自己――臨床心理学の視点

最後に、この数年社会学の中でも注目を集めつつある臨床的な視点からの物語論を紹介する。ただしひとくちに臨床的物語論といっても様々なものを含み（例えば小森康永・野口・野村［1999］参照）、ごくおおざっぱにいってもロイ・シェーファーやドナルド・スペンス等に代表される精神分析学的な志向の強い物語論と、家族療法の周辺で展開されてきた物語論とが考えられる。両者の議論には重なる部分も多いのだが、ここでは後者を中心にみていきたい（なお、次章で家族療法の物語論について詳しく検討するので、ここではごく簡単な概観だけにとどめる)。

もともと心理療法の分野では、その名前の通り個人の心理に介入し治療するという考え方が強かったのだが、一九五〇年代に生まれた家族療法は、クライエントの家族全体を一つのコミュニケーションシステムであると見なし、個人ではなくこのシステムこそ介入の対象であると考えた。この理論を最も洗練させたのはおそらくミラノ派と呼ばれるセラピストたちであろう。彼らは、クライエントの問題が、それを解決しようとする行動によってむしろ強化・維持されてしまうという循環を見いだし、この循環を断ち切るために、様々なパラドクスを処方したのである。かくして家族療法の理論はシステムとパラドクスの二語によって人々に記憶されることになった。

けれども一九八〇年代の後半に、このようなシステム論的アプローチから、言語や意味を重視するアプローチへの大規模な転換が起る。[23] グーリシアンとアンダーソンの「言語システムとしての人間システム」という論文は、この転換を要約し、また転換を方向付けたものでもあるのだが、その中で彼らは、家族システムが問題をもつのではない、「問題について語り合うことがシステムをつくり出すのだ」と主張した(Anderson, H. & Goolishian, H. A. [1988: 379])。システムは語り=会話によって産み出されてくるものであって、それ自体としてあるものではないということであり、したがってセラピーの場となるシステムは、当該問題について会話の参加者になるかぎりだれでも含みうるのであり、何も家族に限定されたものではないということになる（Anderson [1997]）。実際、何人かの家族療法家は、自らの家族療法を必ずしも家族の成員を中心とするものではないと明言しており、弁護士や福祉関係の担当者、学校の教員などをセラピーのセッションへと招いている。場合によっては同じ問題を抱えていたかつてのクライエントをセッションに招くことさえある（例えば、Parry, A. & Doan, R. E. [1994]）。要は問題を共有するものが参加し、語り、そして自分とそれを取り巻く世界について語り直すということだ。

従来型のシステム論的アプローチが、機械や生物をモデルとしてシステムを考えていたのに対して、ここで提案されているのは言語をベースにしたモデルへの転換だ。セラピストの役割はシステムに外から（あるいは上から）介入することではなく、「会話のパートナーになること」であり、その中で新しい語り方、新しい「意味」（それゆえ新しい「自己」、新しい「現実」）が産み出されてくるよう、ともに協働していくことなのである（Anderson [1997]）。したがってここで最も重要なのは、セラピーの場での会話であり、そこで語られるクライエントの自己物語である。(24)

では会話の中からどのように新しい物語が産み出されてくるのだろうか。

この問いに対する答え方としては、おおむね次の二つの議論がよく知られている。第一のものは、グーリシアンとアンダーソンらの影響を強く受けたものだ。この考えによれば、クライエントに対してセラピストがとる立場を対等な（したがって徹底して内在的な）会話パートナーのそれ——無知の姿勢、好奇心をもって聞く姿勢、学習する姿勢等々と表現される——へと変更することによって、従来の意味から新しい意味（世界や自己についての新しい語り方）が進化してくるのを促進しうるというものだ。これはセラピーの場を徹底的に民主化することを意味しており、そこで開かれる対等な対話が新しい意味の発生にとって可能性の空間を開くとされるのである（Anderson［1997］）。

これに対して第二の議論は、マイケル・ホワイトとデイヴィッド・エプストンの影響を強く受けた議論であり、「生きられた経験」と現在の物語の間に生じている齟齬に着目するものだ（White, M. & Epston, D.［1990＝1992］）。この議論によれば、クライエントの苦痛は、彼らが現在語っている物語——それはしばしば他者（あるいはより大きな社会や文化の規範）から課されたものであり、これを彼らは「ドミナントストーリー」とよぶ——が、彼・彼女の「生きられた経験」に十分フィットしていないことから生じてくるものだ。だから、会話の中でこのドミナントな物語にとって例外となるようなエピソード（これを彼らは「ユニークな結果」と呼ぶ）を見つけだし、そこに焦点を合わせることによって物語の全体をより生きやすいものへ変えていくことができるという。これはいわば物語の中に隠蔽された矛盾を見いだし、そこに光をあてていく技法だといえる。(25)

物語的アプローチを名乗る多くのセラピストはこの二つのどちらをも参照しており、両者は単純に対立するものというよりは、互いに補い合うものと考えることができる。大ざっぱに整理して言えば、アンダーソンらのアプローチはエプストンらのアプローチを実践するための前提条件となっているということもできるだろう。エプストンらのように例外的なエピソードを見つけ出すためには、前提条件としてクライエントが自由に語り得る雰囲気が必要であるし、またそうした様々な可能性を許容する対等な会話関係の中でこそ、例外的なエピソードから別の語り方にまで進んでいくことができる。素人と専門家といったような上下関係はここには存在すべきでないし、基本的に平等な関係の中で進められる対話においてこそ、語りの可能性を拡張することができると考えられている。これに関していえば、エプストンらのアプローチをとるセラピストたち（例えばパリーとドゥーアン）は、クライエントを他のクライエントにとって手助けになる存在としてセラピーの場に招くことがあるのだが、これは専門家と素人との差異を徹底的に縮小しようとするものだといえるだろう。エプストンらのアプローチをとるとしても、それは、ここで述べた対等性を確保するという点に関してはアンダーソンらの議論と完全に一致する。アンダーソンらの議論がエプストンらの実践の前提条件になっているというのはそういうことである。

いずれにせよ、それら二つのアプローチのどちらにも共通しているのは、セラピストとの会話に入ることが本質的な要件となること、そして会話の中の協同作業として物語が書き換えられていくということである（これはまた、アンダーソンらの立場を要約するものでもある）。エプストンらのアプローチはこの共通の前提の上に、さらにクライエントの物語を脱構築する方法を提供しようとするものなのである。

この節で紹介した議論の共通点として取り出せるのは、自己についての物語が自己が何であるのか、そしてそれを取り巻く世界がどのようなものであるのかということを構成するということ、と同時に、その物語が矛盾を含んでおり、脱構築しうるものだということである。ここでは、物語が現実の構成であると同時に、つねに構成を脱構築するための手がかりを含んでいるということを物語の効果としておさえておこう[26]。

5 物語の形態と機能

以上、社会学に関わりの深い四つの分野で物語論がどのように用いられてきたのかを簡単に見てきた。最後に、これからの議論にそなえて、これら四つの物語論から物語の形態上の特徴とそれがもたらす効果を整理して取り出しておきたい。細かい点を捨象するなら、物語の形態については三つの特徴を、物語の効果について二つの特徴をおさえておくことができるように思われる（ただしここでいう形態と効果という区別はあくまでも整理のための便宜である）。

まず物語の形態上の特徴について。

①物語は時間軸にそった出来事の選択的構造化である

物語ることを通して、過去から現在へと延びている時間軸の上で、いくつかの出来事が一定の基準にしたがって選びだされ（逆に、他の出来事は捨てられ）、相互に関連づけられる。この関連づけられた全体がひとつの意味的なまとまりとなり、個々の出来事に意味や方向性を与えることになる。ミンクやダントたちが強調していたのはこの点だった。

②物語は二重の視点を生み出す

物語ることを通して、語り手は自らの視点とは別に、物語の登場人物というもうひとつの視点を生み出す。ブルーナーのいう「意識の光景」がこれにあたる。自己について語る自己物語の場合、語り手と登場人物はさしあたりは別の視点であるにもかかわらず最終的には重なり合わなければならないという、他の物語にはない独特の要請を課されている。(27)

③物語は他者とのやり取りの中で生み出される

物語はいつでも他者に向けて語られ、他者からの承認や批判によって変えられていくものである。物語は人の頭の「中」にあるというよりは、人と人との「間」に、つまりコミュニケーションの中にあるものである。ガーゲンやブルーナーが強調していたのはこの点だった。

次に、物語の効果について

①物語を通して現実が構成される

物語を語ること（語り合うこと）は、同時に、様々な現実を構成することでもある。物語は、出来事をある枠組のなかで分節し、接合し、位置づけ、意味を与え、また人々の（相互）行為を方向付ける。自己もまた語り（自己物語）を通して構成され、それによって人生の意味を得、生きていくべき方向を見いだすのである。心理学的な視点によって強調されていたのはこの点だった。

②物語を通して可能性や矛盾が隠蔽される

物語を語ることは、現実を構成すると同時に、その構成がいつでも二重の意味でほころんでいることを隠蔽する。一つには、ある物語がそのように語られていることについての自然・必然の根拠がないということを、もうひとつには、その物語が内側に矛盾をはらんでいるということを、である。イデオロギー批判の視点によって強調されていたのはこの点だった。

ここで物語の効果について注意しておいてほしいのは、構成と隠蔽が表裏一体であるということだ。物語をうまく語るということは、構成のほころびをうまくかくしおおせる、ということでもある。このことに十分な注意を払っておかないと、権力やイデオロギーの働きについての認識が脆弱なものになってしまう危険性がある。

例えば、ヴィヴィアン・バーは、構成主義の諸理論を概観した著書のなかで、言説と制度・慣行との関係について次のように述べている。

流布している、あるいは支配的な諸言説は、現状を支持し権力のある集団の立場を維持する社会的な諸制度や諸慣行としばしば結びついているわけだが、その限り、そのような諸言説に挑戦し、それらが与える諸立場に抵抗する場合、われわれはまたそれらに付随する社会的な諸慣行や諸構造や権力関係に暗黙のうちに挑戦しているのである。……たとえば、ある女性はもっと『自己主張が強く』なりたいと望むかもしれないが、しかし自己主張的に振舞うことは、女らしさや女性であることの支配的な諸言説と両立しない。（Burr, V. [1995＝1998: 232]）

けれども本当の困難は、このようなことを十分によく知っていてもなおドミナントストーリーを離れることができないということではないだろうか（だから物語療法が必要とされるともいえる）。例えば「母性」が近代の神話（イデオロギー）だと「知って」いても、幼い子供をおいて仕事に出かける母親はしばしばどうしようもない罪悪感に捕らわれてしまうことがある。困難は外側（諸制度・諸慣行）にあるだけではなく、そもそもそれに挑戦しようとしている当の本人の内側に染み込んでしまっているのではないだろうか。

物語療法が問題にするのも、このような内側に染み込んでしまっている「力」だ。それは、「ユニークな結果」に光をあてることによってその「力」を解除していこうとする技法であるといえる。ところでユニークな結果とは、自己物語が内部に抱え込む矛盾や齟齬のことを意味しているのであるから、逆にいえば、「力」が人の内部に染み込みその人を内側から捉えることができるのもそのような矛盾や齟齬が隠蔽されている（光をあてられず、周辺にあるいは完全な沈黙のうちに置き去りにされている）からであるということになるだろう。ドミナントな物語が人を捉えるときのその力は、したがって、物語の隠蔽効果抜きには考えられないものである。

ところで、こうしてみると臨床心理学の視点には、本章で整理してきた論点がみな含まれていることがわかる。おそらく、それは他の領域に比べて家族療法が物語論を取り入れはじめた時期が遅かった（その限りで社会学と同様である）という事情のためだろう。そのため、家族療法の物語論は一種の戦略拠点になっているのである。次章ではこの戦略拠点に焦点を合わせていこうと思う。

注

（1）　これは第五章で見るような社会構成主義（的思考）の広がりに伴うものと考えられる。もっとも、会話分析やライフヒストリー研究等、「物語」という考え方が以前から重要なものとされてきた領域が社会学の中にもあるという点には注意が必要だ（Labov, W. & Waletzky, J. [1967]、Young, K. [1987] などを参照）。

（2）　例えば歴史哲学者ヘイドン・ホワイト、精神分析学者ロイ・シェーファー、哲学者ジャック・デリダ、人類学者ヴィクター・ターナーなどが論考を寄せている。なお同じく一九七九年にポール・ラビノウとウィリアム・サリヴァンによって出版された『解釈学的社会科学』という論文集（リーダー）には、社会学者ロバート・ベラーがかろうじて名前を連ねている（Rabinow, P. & Sullivan, W. M. eds. [1979]）。

（3）　ポルキングホーンのもくろみの背景には実証主義的心理学への深刻な反省と危機意識があった（Polkinghorne [1988: ix]）。この点、あとで見るジェローム・ブルーナーの問題意識と共通するものがある。

ちなみにポルキングホーンは、その著書の最後の部分でカウンセリング心理学に触れているのだが、次章で取り上げる家族療法における物語論（物語療法）にはまったく言及していない。というのも、物語療法への転回点となるアンダーソンとグーリシアンの論文が発表されたのはこの著書と同じ一九八八年であり、社会学と同様に、家族療法の領域でも物語論の導入は比較的新しい出来事であったからだ。

（4）　ダントの著作は、ミンクとは対照的に、「実在論的歴史哲学」（マルクス主義やヘーゲル主義に代表される歴史観）と彼が呼ぶものを批判しようとするものであった。その批判の要点は、実在論的歴史哲学が歴史全体の意味を問おうとするために、その問いのコンテクストとして非歴史的な要素を導入せざるをえないというものだ。それはかならず神の視点を想定した、それゆえ歴史の終りを見通すような神学的構成をもたざるを得ないのである。この点についてはさらに野家［1996: 111］も参照されたい。

（5）この事例は話をわかりやすくするためにアレンジしてある。実際にダントが引いている同様の事例は、例えば「三十年戦争は、一六一八年に始まった」という文である（Danto［1965＝1989: 185］）。

（6）したがって、文学理論における物語構造の分析を、歴史記述の言説にも適用できるということになるだろう。内容とは別に歴史の記述が採用した語りのスタイルだけに注目したとき、それは物語論を直接適用できる対象となるのである。実際、ホワイトは、ノースロップ・フライのよく知られた物語の四つの原型を用いて代表的な歴史記述を分析して見せた（White, H.［1973］）。

（7）リクールのこのような区別は社会学が物語を対象とする際に、対象となる物語とそれについて語る物語との水準の違いを考えるときにも一定の示唆を与えるように思われる。

（8）厳密に言えば筋に関するこの議論はミメーシス1に属するものであり、リクールの議論全体（ミメーシス1、2、3とそれらの間の循環）からみると部分的なものである。

（9）歴史学が物語論を必要としたのは、その対象である人間的な事象がいつでも意味に関わるものであり、解釈を抜きにしては語れないからであった。だとすると同じように人間的、意味的な事象を扱う社会学にとっても物語は同じような意義をもつはずだ。すなわち社会についての認識を得るということは、様々な事象を理解可能な形へと構造化することであり、そこには歴史認識の場合と同じように物語化の力が働いているのである。厚東洋輔が社会認識と想像力との関連を論じながら、「さまざまな言説あるいはテクストのうちで、『物語』として構成された言説ないしテクストが、社会認識に対し最も有効なモデルを提供してくれる」と強調するのもそれゆえであろう(厚東[1991: 258])。

(10) ヘイドン・ホワイトが、歴史記述を虚構の物語と同じ枠組で理解しようと試みていたことを思い起こしておこう。

(11) 規範や正常性からの逸脱が、物語を語るための条件になるという点についてはリヴィア・ポランニの論文を参照(Polanyi, L. [1979])。そこで示されているように、物語を語りはじめる資格を得るために、〈そこには逸脱があったのだ(通常とは違うことが起ったのだ)〉ということを証明する必要がある。

また規範への再回収についての議論は、次に見るイデオロギー批判のテーマであると同時に、次章で取り上げる「ユニークな結果」という概念に連続するものでもある。

(12) このことと関連して、物語が説得的であったり、感動を与えるものであったりするためには、書き換えの可能な、いわば仮定法的な形式で語られている必要があるとブルーナーは指摘する。

「したがって『すぐれた』ストーリーは、必然的に、読者にとって『近づきやすい』、感動せずにはいられない人間的苦境について語る。しかしながら、同時にその苦境は、読者によって書き直されうるような、しかも読者のイマジネーションの戯れを許すように書き直されうるような、そういう十分な仮定法性をもって述べられなくてはならない。」(Bruner [1986=1998: 58])

「『仮定法の』ストーリーは、その中に入りこみやすく、それに同一化しやすいということである。いわばそのようなストーリーは心理学的に試着できるのである。」(Bruner [1990=1999: 77]、ただし訳文の一部を変更)

このことは、次章で検討する物語療法において、セラピーにとって仮定法的空間を開くことがきわめて重要であると考えられているという点に密接に関連している。

(13) もっとも同書で子どもの発達を論じた個所での物語の特徴づけは、先の部分とじゃっかんずれており、「声」という条件が追加されている(Bruner [1990 = 1999: 109])。

(14) この学習過程はブルーナーが子どもの発達において見いだしたものと同型的である。また、彼らがいう「状況に埋め込まれた知識のパッケージ」は、ホルスタインとグブリアムが、「言説的実践(discursive practice)」と区別して「実践内言説(discourse in practice)」と呼んだものに対応すると考えることもできる(Gubrium & Holstein [2000])。実際、彼らもレイヴたちと同様AAでの会話を分析対象にしていた。

(15) 本文では取り上げなかったが、セオドア・サービンもまたこのような物語的モードの重要性に早くから注意を向けてきた心理学者の一人である。サービンは自ら『物語論的心理学 Narrative Psychology』という論文集を編集し、その冒頭の論文で、人間の心理作用にとって物語が決定的に重要であることを主張した(Sarbin, Th. R. [1986])。すなわち、「人間は、物語の構造にしたがって思考し、認知し、想像し、道徳選択を行うものなのだ」と。

(16) にもかかわらずただひとつの自然な現実があるようにみえるのはなぜなのか。それが次節で取り上げるイデオロギー批判の問いである。

(17) 社会学においてもこのような認識に基づいて、物語のバージョンの差異に志向する研究が可能であるし、実際に行われてもいる。例えばケヴィン・マレイは、フルマラソンを完走した人々の自己物語や、ベストセラーとなった通俗心理学書の語りを、ノースロップ・フライの物語類型論を用いて分析しようと試みている(Murray, K. [1986] [1989])。そのような研究の方向を、心理学的視点からする物語論の社会学的な応用と見ていいだろう。

もう少し広くいえば、ライフヒストリー研究はすべてこのような意味での物語を対象とするものだともいえるかもしれない。例えば、ケン・プラマーは、様々な語りの共同体を取り上げ、語り手が特定の語りを習得することによって自らを一定の主体として構成していく様を分析している（Plummer, K.［1995＝1998］）。また、井上［1996］は、人生をひとつの物語として構成されるものであると論じており、これはガーゲンの自己物語論とほぼ重なり合うし、さらに、小林多寿子は、ライフヒストリーの聞き取り場面に着目し、聞き手と語り手の関係に応じて語られる物語のバージョンが変化する様を検討しているのだが、これはとりわけガーゲンが強調した相互行為論的な性質に対応した実証研究であると考えることができよう（小林［1992］）。

(18) この論文の中でホワイトは、歴史哲学の分野で物語をめぐって交わされてきた議論を四つの潮流に整理している。四つの潮流とは、分析哲学系（歴史を表象する手段として物語を肯定する議論）、アナール学派（物語は非科学的であり、したがって歴史記述のスタイルとしては不適格であるとして否定する議論）、記号論系（物語をイデオロギーであるとして批判する議論）、解釈学系（時間を表象する固有の様式として物語を肯定する議論）をいう。

(19) 神話というものをイデオロギー機能のとりわけ強い物語と考えることもできるだろう。例えばバルトは、「神話はものごとを純化し、無垢にし、自然と永遠性の中に置くのだ。神話はものごとに、説明の明晰さではなく、確認の明晰さを与えるのだ」（Barthes, R.［1957＝1967: 189］）と論じている。

(20) 厳密に言えば、レヴィ＝ストロースの場合にも神話と物語を概念的に区別すべきであるが、彼自身は「神話の実体は、文体や話法の中にもまた統辞法の中にもなく、そこで語られる物語の内に見出される。」（Levi-Strauss［1958＝1972: 233］）と述べている。ここでもやはり神話を〈物語のもつある機能を特に強く表現したもの〉というように理解しておくことにしよう。

(21) レヴィ＝ストロースは、この反復の形式を（1）項の値の逆転と、（2）項と関数との逆転とを含む等式によって表現した。フレドリック・ジェイムソンは、「消失する媒体、あるいはストーリーテラーとしてのマックス・ウェーバー」と題された論文において、この定式化を使ってウェーバーの『プロテスタンティズムの倫理と資本主義の精神』を読み解いてみせている（Jameson, F. [1988: 21]）。すなわち〈目的の合理化／手段の宗教化〉という対が〈手段の合理化／宗教の非目的化〉へと移行する物語としてそれを読むことができる、とジェイムソンは考えるのである。ここで「目的」が「非目的化」に逆転し（項の値の逆転）、「宗教化」が「宗教」に、「目的」が「非目的化」に逆転している（項と関数との逆転）という形でレヴィ＝ストロースの定式は満たされている。

(22)　「可能性の隠蔽」と「矛盾の隠蔽」とは次章で検討する物語療法の中での、アンダーソンらとエプストンらの考え方の違いに重ね合わせて捉えることもできるだろう。また、このような視点は社会学の中で伝統的に保持されてきたイデオロギー論と比較的よく接続するものであり、メディア言説（広告、雑誌記事、テレビ、映画等々）の研究において活用されているといっていいであろう。例えばマンビーらがメディアを通しての社会の構成と統制に着目し、諸橋泰樹がレディスコミックによるステロタイプな女性像の再生産に着目するのは、そのようなイデオロギー機能をメディア上の物語が果たしていると考えるからであろう（Mumby, D. K. ed. [1993]、諸橋［1993］）。

(23)　従来型の家族療法から物語論への移行については次章であらためて検討する。

(24)　とはいえ次章で見るように、初期の家族療法もまたコミュニケーションを重視していたという点は強調しておく必要がある。ベイトソンやワッツラウィックのコミュニケーション理論はいまでも重要な意義を持っているし、逆説処方も物語論の文脈でその力を発揮できるはずだ。実際、イーロンとランドのように物語論と従来型の戦略的アプローチを接合しようと試みるものもいる（Eron, J. B. & Lund, Th. W. [1996]）。

(25) 前節の議論に重ねて言えば、この二つのアプローチは、隠蔽された可能性を開き直そうとするアンダーソンと、物語の中の矛盾をつくことで一貫性を脱構築しようとするエプストンというように対比することもできる。二つの対比については次章の議論を参照。

(26) 臨床的物語論は、現在社会学との乗り入れが急速に進んでいる領域である。例えば『ナラティヴ・セラピーの世界』という論文集には、社会学者も論文を寄せているし、マクナミーとガーゲンの編纂した『ナラティヴ・セラピー』は社会学者によって訳されている。ミッチェルの『物語について』から十数年間の間に起った変化がそこに象徴されているように思われる。

これは、社会学にも以前から社会問題を扱う分野で構成主義（構築主義とも訳される）という立場があり、臨床の分野においても構成主義と物語論は密接な関係にあるので、構成主義の部分が両者のブリッジとして機能したためと考えられる。それと同時に、現象学的社会学などにおいて以前から強調されてきた現実の多元性という観念が、単なる学的な認識であることを越えて、日常的な生活実感となったことを背景としているように思われる。物語療法の理論家が口をそろえて、自分達をポストモダン状況に対応するものと主張するのは偶然ではない。各人の世界をそれぞれ異なるバージョンであると見る見方が多くの人々に定着したことが、物語療法にリアリティを与えていると考えられるのである。

(27) ブルーナーも次のように指摘している。

「自伝については不思議なことが存在している。自伝はナレーターがかつてその時そこに存在していた主人公（過去のナレーター自身だが）について今ここで話す説明であり、そのストーリーは、主人公がナレーターと一体になる現在で終わるのである。」（Bruner［1990＝1999: 170-171］）

その不思議さについてブルーナーはそれ以上説明をしていないが、あえてそれを取り出すならば、自分が自分に言及することの含むパラドクス（自己言及のパラドクス）がそこにあるということだと考えられる。家族療法でいう「ユニークな結果」はこのパラドクスの現れであるというのが、次章での議論のひとつの要になる。

第三章　家族療法とその物語論的展開

前章で見てきたように、物語論には力点の違ったいくつかの流れがある。本章では、それらの中から家族療法の物語論（あるいは「物語療法 narrative therapy」）に光を当て、社会学的自己論を書き換えるための足場とするよう試みる。だが物語療法の具体的な紹介に入る前に、そもそもなぜ家族療法・物語療法に着目するのかという点について説明しておく必要があるかもしれない。

なぜ家族療法・物語療法に着目するのか[1]。これには二つ理由がある。

一つには、家族療法が、一九五〇年代に誕生してから今日にいたるまで、一貫して「自己」の成り立ちをコミュニケーション（他者との関係）との関わりで考えてきたということがあげられる。次の章で見るように社会学の自己論もまた「自己」がコミュニケーションや社会的相互行為の中で生み出されると考えてきたので、両者は土台となる考え方を共有していることになる[2]。したがって、家族療法で積み重ねられてきた様々な経験や認識は、社会学的自己論にとっても学ぶべきものを含んでいると予想されるのである。

もう一つには、家族療法が基本的には臨床・実践のための知であり、（どちらかといえば）説明・認識を主な役割とする社会学とはものを見る際の姿勢がちがっているということがあげられる。ここで「臨床・実践」の姿勢と呼んでいるのは、現実を（特にクライエント本人にとって）より生きやすいものに変えていこうとするそれのことである。[3] この姿勢の違いが、同じようにコミュニケーションに注目していながら社会学的自己論の側からは見えていなかったものを浮かび上がらせるのではないかと期待されるのである。

要するに、社会学の自己論と家族療法・物語療法とは、土台を共有しているけれどもその姿勢には違いがある、という関係にある。どのような領域であれ、自分と全く違うものから多くを学ぶことは難しい。もちろん学ぶということは相手と自分とが違っていることを前提にしているのだが、その違いはある程度の共通性を背景にするものでなくてはなるまい。社会学的自己論と家族療法・物語療法の間にある違いは、まさにそのようなものと考えられるのである。

そこで本章では以下のような手順を踏んで家族療法・物語療法と社会学的自己論との間の橋渡しを試みることにする。まず家族療法の中に物語論（物語療法）が登場してきた歴史的経緯を紹介する（第1節）。かつて圧倒的な支持を集めたシステム論（「システム」という考え方を中心に置いた理論と実践）が後景に退き、物語療法（「物語」という考え方を中心に置いた理論と実践）が前景にせり出してくるまでの歴史的な流れをおさえておきたい。ついで物語療法の理論や思想および具体的な技法を紹介する（第2節）。物語療法と一言でいっても、その中には様々な要素が含まれている。その複雑さをなるべく損なわないように注意しながら、物語療法の概観を提示してみたい。第三に物語療法の理論と実践の中から社会学的自己論にとっても大切だと思われるものを選びだし整理してみる（第3節）。その際、前章でみておいた物語論のいくつかの流れを念頭におきながら、社会学が物語療法のどこに学ぶべきなのかを明らかにしていこう。最後に、物語療法が（超歴史的・普遍的な「真理」などではなく）現代社会の一部をなす現象である以上、その社会のなかでの位置を確認しておく必要があるだろう（第4節）。それは、なぜ今日物語療法がかくも多くのセラピストを引き付けるのか、と問うことでもある。

1　家族療法の物語論的展開——システム論から物語論へ

一九八〇年代の後半、家族療法の世界に変化の波が起こりつつあった。それは、はじめは目立たない形で、やがて多くの人々を新しい潮流へと巻き込みながら広がっていくことになる。最初それはセラピストたちの「どうもなにかがうまくいっていない」という違和感から始まった。世界各地で多くの家族療法家たちが、「これまでのやり方ではどうもセラピーがうまく進まない」と感じ始めていたのである。例えば、イタリアのギアフランコ・チキンは、それを「いやな感じ（feeling discomfort）」と表現している（Cecchin, G.[1992=1997: 124]）。アメリカではリン・ホフマンが、それまで信じてきたベイトソン流のシステム理論に不満を覚えはじめていた。もしかするとそれはエコロジカルファシズムでさえありえるのではないか、と（Hoffman, L. [1990]）。また、ノルウェーのトム・アンデルセンとその同僚たちはこれまでのセラピーの進め方ではどうも家族との面接で「しっくりしない（felt uncomfortable）」し、「いきづまってしまう（stuck）」と感じ始めていた（Andersen, T. [1992=1997] [1995]）。

やがてこういった不満をバネとして、家族療法の新しい潮流（それはしばしば「ポストモダン」と形容される）が生み出されることになり、また物語療法はその流れのなかで重要な位置を占めることになるのであるが、その話はもうすこし先にとっておくことにしよう。(4) とりあえずここで注目しておきたいのは、これら三人（というよりもこの時期に不満を感じ始めた多くのセラピストたち）がもっていたある共通点だ。その共通点とは、三人ともシステム理論の強い影響を受けながら仕事をしてきたということである。例えば、チキンにとっては〈パラドクスを処方する〉というやり方（後述）が、ホフマンにとってはベイトソンの〈因果関係の循環〉という考え方が、アンデルセンにとっては〈マジックミラーによる一方向的な観察〉が、それぞれ「うまくいかない」と感じられていたのであるが、それらの考え方や技法はどれもシステム論と家族療法の結び付きのなかで生み出されてきたものであった。

物語療法を理解するためには、このうまくいかなくなってしまったもの（システム論的家族療法）が何であったのかをまずは知る必要がある。なぜならこの〈うまくいかなさ〉を前提にして、それへの対立候補（代替選択肢、オールタナティヴ）という形で物語療法（をはじめとする様々なポストモダン的アプローチ）が生み出されることになるのであるから(5)。そこであらためて問うてみよう。システム論的家族療法とは何であったのか、と。

「家族療法」全体のことから言えば、それは人間の心理的なトラブルを扱うための技法であり、その意味では様々なサイコセラピーの一つである。それが他のセラピーと違っている点は、おおざっぱにいえば、トラブルを抱えた個人（クライエント）自身ではなく、クライエントを含む家族全体を「治療」や「介入」の対象にしてきたということである(6)。

家族療法と呼びえるようなセラピーがはじめて試みられたのは、一九五〇年代、アメリカ合衆国東海岸でのことだった。初期の家族療法は、精神分析の色彩の濃いアプローチ（その代表者としてネイサン・アッカーマンやマレイ・ボウエンなどをあげることができる）であったが、その後、多くの人々を引き付け、様々な理論と技法、様々なグループを生み出してきた（一九九〇年代以降のポストモダンアプローチはその中でも最も新しい流派であろう(7)）。

システム論的なアプローチが生み出されたのは、一九五〇年代から一九六〇年代初頭にかけて、アメリカ西海岸のパロアルトでのことである。グレゴリー・ベイトソン、ジェイ・ヘイリー、ジョン・ウィークランド、ドン・ジャクソンらがそこで統合失調症患者のコミュニケーションについて共同研究を進めていたのであるが、その成果を引き継ぐ形で、家族をコミュニケーション・システムとみなす家族療法が発達することになった。[8] 一九五九年には、ドン・ジャクソンによって精神研究所（Mental Research Institute, MRI）が設立され、以後、システム論的アプローチの世界的中心となる。さらにこの議論はイタリアのミラノを拠点とするセラピストたち（セルヴィーニ・パラッツォーリ、ギアフランコ・チキン等）によって洗練され、「ミラノ派」と呼ばれるグループを形成するまでになった。

システム論的アプローチの基本的な考え方を整理してみると次のようになる。[9]

①家族はコミュニケーションシステムである

家族とは何人かの人間が集まったものというよりは、むしろコミュニケーションがある独特のやり方で緊密に織り合わされたものである。織り合されたコミュニケーションは一定の安定した（ホメオスタティックな）まとまりを維持するようになり、これをシステムとみなすことができる。逆に言えば、家族というシステムを見るときに、その単位となるのは個々の人間であるよりも、むしろ彼らの間に交されるコミュニケーション、あるいはそのコミュニケーションのパタン（決まった型）である。

②「問題」はコミュニケーションのパタンから生じる

クライエントが示す「病理」や「症状」は、家族内コミュニケーションの問題である。コミュニケーションがなんらかの「ねじれ」を抱えたまま、そしてそのことを誰も明確に意識できないまま、家族システムの安定性（ホメオスタシス）の中へ固定されてしまったときに、家族の誰かに「問題」が現れてくる。例えば「ダブルバインド仮説」によれば、統合失調症の典型的な症状は、親から子どもにむけて同時に発せられる矛盾した命令（例、私を愛せよ／私を愛するな）に対する子どもの側からの反応であると理解することができる。⑩

逆に言えば、クライエントに現れている「問題」を理解するためには、彼・彼女をとりまくコミュニケーションのパタンに注目しなければならないということである。

③セラピーとは「問題」を生み出すコミュニケーションパタンを変化させることである

右でみてきたことから引き出される結論は、「問題」を解消するためには、クライエント個人ではなく、コミュニケーションのパタンを変える必要があるということだ。あるコミュニケーションのやり方が固定化されているためにクライエントの上に「問題」が生じるのであるから、このパタンを変えることがセラピーの目的となる。システム論の介入技法は、したがって、コミュニケーションのねじれを発見し、このねじれを解消するような高次のねじれ（治療的なねじれ）を加えるという形をとる。

④セラピストの介入する対象は個人から家族システムへ転換されなければならない

システム論的な家族療法にとって、問題の根本にあるのは家族システムやそれを支えているコミュニケーションのパタンである。それゆえ、それまでのセラピーが「心」や「内面」といった個人の内側に働きかけようとしてきたのに対してシステム論的アプローチは「システム」や「コミュニケーション」といった、いわば個人と個人の間（関係）に働きかけようとする。介入の対象が、個人とその内面からシステムとそのコミュニケーションへと大きく転換されるのである。(11)

これだけではやや抽象的すぎて分かりにくいかもしれないので、もうすこし具体的に考えてみよう。まず「コミュニケーションのねじれ」と上で表現したものであるが、例えばそのような「ねじれ」の代表例として、システム論の理論家たちが「問題行動—偽解決」のループ（循環）と名付けたものをあげることができる。「偽解決」とは、ある問題行動を解消しようとする努力が、まさにその問題行動を促進するように働いてしまう場合に用いられる言葉である。偽解決がそれと気づかずに追求されると問題は解消するどころか、ますます悪化の一途をたどることになる（問題を解消しようとがんばればがんばるほど、かえって問題が悪化する！）。

例えばワッツラウィックらがそれを説明するためにあげているのは不眠症の例だ。すなわち不眠症の人は、眠ろうとすればするほど、その努力自体のせいでかえって目が冴えてしまう。「解決」への努力（眠るためにあれこれ一生懸命になること）がかえって「問題」（眠れないこと）を悪化させているのである（Watzlawick et al. [1974＝1992: 55-56]）。あるいは、ワッツラウィックらが別の場所でコミュニケーションの「区切り」を説明するためにあげている「夫の引きこもり」を何とかしようと、妻があれこれ不満を申し立てる（すると夫はますます引きこもる）」という事例も同じように解釈できるだろう（Watzlawick et al. [1967＝1998]）。妻からすれば、夫がひきこもるから声をかけるのだが、夫からすれば妻がうるさく小言を言うからひきこもるのであり（夫と妻で出来事の区切り方が違うわけだ）、お互いに問題を回避しようとしてかえって悪化させているのである。(12)

これに対して上で「治療的なねじれ」と表現したのは、このような問題悪化の悪循環を断ち切るような独特のねじれのことだ。その代表例に、あえて症状を積極的にすすめるよう指示する技法（これは「症状処方」といわれる）がある。右の例でいえば不眠症に悩んでやってきたクライエントに「耐えられないほど眠くなるまで決して目を閉じないように」と指示するようなケースがそれに当たる。このような指示は、一見すると解決には程遠いように見えるのだが、「解決」への努力を停止させ、その結果悪循環を断ち切ることになる。問題を生み出しているねじれを、別のねじれによって解消しているのである。

実際のケース（臨床事例）を紹介しておこう。

①無視されることを恐れる女性に「無視」を処方する

一つ目は、家族療法家長谷川啓三が紹介している事例である（長谷川［1987: 42-44］）。クライエントは女子大学生。彼女は、人にうまく話しかけられずに悩んで相談にやってきたのであった。話しかけられない理由をセラピストが尋ねると、相手から無視されてしまうのではないかと不安になってしまうから、との答えが返ってきた。そこでセラピストは、無視されることへの免疫をつけるためと理由づけして、彼女に次の二つの指示を出した。

一つは、自分の知り合いに話しかけてあえて無視される練習をすること。もう一つは、セラピストが紹介する（彼女とは初対面の）学生二人を相手に無視してもらう練習をすることである。この指示にしたがって練習を重ねるうちに彼女の不安は緩和していったという。

というのも、一つ目の指示についていえば、結局誰も彼女を無視などせず、彼女の話しかけは（彼女にとっては意外なことに）うまくいってしまった。二つ目の指示について言えば、練習相手の学生二人が彼女を無視してくれれば無視してくれるほど、彼女に親身になって協力してくれているということになり、つまりまったく無視していないということになった。これまでは話しかけられないことそれ自体が無視される不安を増大させていたわけだが、あえて無視されるという症状を処方することによってその循環が断ち切られたのである。

②言葉を発しない子どもの言葉を書き取る

二つ目はミラノ派を代表するセラピスト、セルヴィニ・パラッツォーリたちが紹介している事例である（Palazzoli, M. S. et al.［1975＝1989: 71-72］）。

クライエントは、精神病的行動を示す一〇才の娘とその両親。セラピストは、治療セッションの際、この娘に何を尋ねても母親が代わって答えてしまうというパタンを見出した。母親に言わせると、娘はまともな文章で答えることができないから、自分が代わって説明しなくてはならないとのことであった。そこでセラピストは、娘の状況を正確に把握するためにという理由で、次のセッションまでの一週間、子供の発した言葉を一言一句すべて克明に注意深くノートしておいてください、という指示を与えた。

次回のセッションで提出されたノートには（両親からすれば驚くべきことに）娘の発した完全な文章が書き留められていた。両親がノートをとるのに時間を割かれ、口を出せなかったがゆえに娘の方はようやく言葉を発する機会を得たのであった。娘が言葉を話せないという親のあせりがますます娘を言葉から遠ざけていたわけだが、セラピストは、母親の注意を別の方向に向けるよう指示を出すことで（こちらは症状処方ではないが）循環を断ち切ったのである。

かくしてシステム論的家族療法は、パロアルトのＭＲＩを中心にして、「システム」「逆説」「偽解決」「悪循環」といったキーワードとともに世界中にひろく知られるようになった。

しかし一九八〇年代の末から、この状況に変化がおき始める。すなわち、システム論的な発想や用語法、実践の姿勢に違和感を覚えるセラピストが次第に増え始めるのである。このような違和感に最初の表現を与えたのは一九八八年にハロルド・グーリシアンとハーレン・アンダーソンが発表した論文であった。この論文の中で彼らはセラピストたちを代弁するようにこう書いている。

結果の改善と効率性という（システム論の）最初の約束は実現されなかった。そして家族療法の現場は多くの点で三五年以上前に出発した場所からさして進んではいないように思われる。ある臨床家たちにとっては、家族療法に対する不満が募ってきているようにも思われるのだ。（Anderson, H. & Goolishian, H. A.［1988: 374］）

この論文は、セラピストたちの漠然としていた不満に明確な形を与えるとともに、社会構成主義や治療的会話論という新しいモデルを提案し、多くのセラピストたちを新しい流れへ巻き込む役割を果たした[13]。

さらにこの流れに呼応するように一九九〇年にはマイケル・ホワイトとデヴィッド・エプストンが『治療的目的への物語的手段』（邦題『物語としての家族』、White, M. & Epston, D. [1990＝1992]）を出版し、「物語」という考え方を中心においた家族療法を提案した。物語療法と名乗るこのアプローチは、以後一九九〇年代を通して広範な支持を集めることになる。[14] 例えば、すでに一九九一年の時点で、アラン・パリーは家族療法の近況を次のように表現している。

家族療法において劇的な変容が進行中である。ホワイトとエプストン、アンダーソンとグーリシアンやホフマンをはじめ、その他ますます多くの療法家によって示される最近の物語の復権は、家族療法における階層構造の残滓に対する挑戦となっている。
（Parry, A. [1991: 40]）

一九八〇年代末以降、世界各地の家族療法家が次々とこの新しい流れに合流し、家族療法の風景を大きく変えていった様子がうかがわれる。[15]
それにしても彼らはシステム論のどのような点に不満を感じていたのだろうか。アンダーソンとグーリシアンの議論を参照しながら批判の要点を整理してみよう。
上記の二人の論文（Anderson & Goolishian [1988: 375-376]）において彼らはおおむね次の

ようにシステム論を批判している。第一に、システム論を現状のまま拡張していくならば、それは、「システム」の特徴である安定性・階層性・権力・管理といったものをあたかも自然で当たり前のものであるかのように追認してしまうことになるだろう。その結果、ちょうど玉ねぎの皮のように上位のシステムが下位のシステムを包み込み、後者は前者に従属するという関係が固定されがちになるのである。第二に、このような見方のもとではセラピストとクライエントの関係もまた、「専門家」とそれによって「修理」される「欠陥のあるシステム」という一種の上下関係になってしまう。第三にそのような考え方の背景には客観的な、したがって観察者から独立した現実を素朴に想定する経験主義がある。そこには昔ながらの「仮説演繹モデル」への信奉がみられるのである。

これらのうち三つめのものは、新しいタイプのシステム論(いわゆるセカンドオーダーのシステム論やマトゥラーナやヴァレラなどの認知主義的な構成主義 constructivism)において克服されているようにも思われる。だが、一九九二年に発表した論文の中で彼らは、それらの新しい試みも「結局は、人間を単純な情報処理機械として規定するものであり、意味を生成するものとは捉えない点で実用性に限界がある」と批判している(Anderson & Goolishian [1992＝1997: 61])。さらにアンダーソンは一九九七年に出版した著書の中で、グーリシアンの「玉ねぎ」批判をさらに拡張して、システム論的なセラピーは社会・政治的な不平等を正当化してしまうのではないかとも問うている(Anderson [1997: 19–20])。

こうしてみると、どうやら彼ら（そして彼らに代表される多くの家族療法家たち）がシステム論を不満に感じる理由は、（1）階層構造や権力関係、社会的不平等や差別を自明視する点、また（2）セラピストに対して対象（システム）が客観的・独立的に実在すると想定している点、さらに（3）セラピーにとって「意味」が重要であることを見落としている点にあると考えてよさそうだ。[16]

ではこのような不満や疑問に対して物語療法はどのような代替案を提供したのであろうか。次の節でそれをみていくことにしよう。

2　物語療法の理論と技法

物語療法とここではひとまとめにして呼んでいるが、厳格に定式化された体系があるわけではなく、多種多様な理論と技法が「物語」という語を軸にしてゆるやかにつながりあっているにすぎない。[17]ここでは物語療法のおおよその見取り図を得るために、あえて細かい違いには目をつぶっておおづかみに整理することにしよう。すると物語療法の理論と実践には二つの大きな流れがあることが見えてくる。

第一の流れは、アメリカ合衆国テキサス州のガルヴェストン研究所を拠点とするハーレン・アンダーソンらのグループによって代表されるものであり、第二の流れは、ニュージーランドを拠点とするデヴィッド・エプストンとマイケル・ホワイトらのグループによって代表されるものである[18]。もちろん実際には、多くの家族療法家がこれら二つの流れの両方から影響を受け、それを自分達の実践に活かしてきているので、臨床の現場では両者は融合しあい、互いに相補うようにして働いてるといえるのだが、それでも物語をどのような角度から捉えるかについてはやはり考え方の違いがある。それぞれ順番にみてみることにしよう。

(1) 会話としてのセラピー

グーリシアンとアンダーソンらのアプローチを一言でいえば、会話としてのセラピーということになるだろう。その要となるのは、クライエントの家族が彼らの間で取り結んでいる関係や、その家族とセラピストの間で取り結ばれる関係を「システム」とみなす見方からそれらを「会話」であるとみる見方への転換だ[19]。

従来の家族療法は、家族システムがそこにあるということを当然の前提と見なしてきた。だが、そこでいう「ある」ということ、すなわちシステムが「現実」に「存在」するということ自体が実は大問題なのだとアンダーソンらは言う。彼女らの考えでは、そもそも人々を取り巻く「現実」は客観的に（人々から離れて、独立に）そこに「ある」ものではなく、人々が言葉を使って様々なやり取りをする中から生み出されていくものだ。つまりそれは言語的（言葉をもちいて）かつ社会的に（人々どうしの間で）つくり出されるものであり、一言で言えば、会話的に構成されるものなのだ。したがって、システムが「ある」という現実も何かをめぐって「会話」する中で構成されると考えなければならないのである。セラピストのもとにやってくる「問題のある」家族システムもまた、はじめからそこに客観的に存在するものなのではなく、「問題」について関係当事者たちの間で交わされる会話の中で生み出されるものだ。このことを彼女らは次のように言い表している。

問題の領域にある言語がシステムを識別する。システムが問題を識別するのではなく、問題について言葉を取り交わすことがシステムをつくり出すのだ。（Anderson & Goolishian［1988: 379］）

「問題をもったシステムがある」という識別は、システムがあらかじめそこに存在していて、その中に何らかの「欠陥」が見いだされるという形で行われるのではない。そうではなく、逆に、「問題」をめぐる様々な会話（「問題の領域にある言語」）を通してはじめて「問題を持ったシステム」が構成され、識別される。それゆえ、会話が「システムを作り出す」[20]。

それと同じように、セラピーもまた本質的には会話であると考えられなければならない。「問題のあるシステム」が「問題」をめぐる会話によって構成されるものであるのに対して、セラピーは、「問題」がそれを通して「解消 dis-solve」していくような会話である[21]。これを逆側から言えば、それを通してクライエントの現実構成に新しい可能性がもたらされるような会話がセラピーなのだということになる。システム論的アプローチは、あたかも故障した機械を修理するように、機能不全に陥った家族システムをセラピーする。だがセラピーとはそういうものではない、と彼女らは言う。セラピーとは会話なのであり、さらに言えば、クライエントが自分自身について新しい物語を語れるように、また新しい主体性 agency を獲得できるように支援するという独特の会話なのである。

この会話の中でセラピストとクライエントは協力しあって問題を探求し、その過程で新しい意味や新しい現実、新しい人生の方向を見いだしていく（Anderson［1997: 67–68］）。そしてセラピー的会話がクライエントの可能性を十分に拡げたときに問題は解消し、「問題の解消とともにセラピーシステムも問題システムも解消していくのである」（Anderson［1997: 91］）。彼女らがセラピー的会話を「問題を組織するとともに解消するシステム」であるというのもそのためだ。

さて、右で「物語」という言葉を使ったが、彼女らはそれをどのような意味で理解しているのか。アンダーソンの言葉を参照しておこう。

物語とは言説のある形式を指すものだ。すなわち、私たちが自分の人生の中の状況や出来事、私たちの経験の断片、そして私たちの自己同一性、そういったものを、自分達や他人たちに対してあるいはそれらとともに、構造化し、説明し、それに意味を与える際の言説的なやり方、すなわちそれらに構造と一貫性を与える言説的なやり方を指すものである。（Anderson［1997: 212］）

つまり、人々の様々な経験に一貫性と構造を与えるような言説が物語であるということだ。別の場所で彼女らがセラピー的会話を説明しながら「新たな歴史を創り出そうとする」ものだという言い方をしていることから考えて、この一貫性や構造というのは時間軸にそって構築されるものであると考えられる（Anderson & Goolishian［1988: 381］）。

また、セラピーを通して新しい物語が生み出されるということは、クライエントのこれまでの物語の中で「まだ言われていないこと」を表現に導き、いままで見えていなかった新しい可能性に光をあてることを意味している。その結果、諸々の出来事が、新しい光のもとで編成し直されることになるのである（Anderson［1997: 118］）。

ふつうセラピーの理論は、そこから引き出される技法の体系を伴っているものなのだが、アンダーソンらは、マニュアル化されるような技法に頼っていると会話の流動性がせきとめられ、多様な可能性の自由な展開を妨げることになると考える。セラピー的な会話とはあらかじめ目的地をさだめないような、自由な会話なのである。

そこで彼らがそのような定型化された技法にかえて提示するのは、クライエントとの会話に臨む際の姿勢、態度だ。なかでも特に強調されるのが「無知の姿勢 not-knowing position」とよばれるものだ。これについてのアンダーソンの説明を参照してみよう。

> 無知とはセラピストのある姿勢――態度と信念――を指す。すなわちセラピストは特権的な情報への接近可能性を持っているわけではないし、他の人を完全に理解することはできない、つねに相手から教えられる状態になければならず、またつねに言われたことあるいは言われなかったかもしれないことについてより多くのことを学ばなければならないという姿勢を指すものなのだ。（Anderson［1997: 134］）

セラピーのときには、クライエントこそが自分自身の問題についての専門家であり、セラピストは問題になっている事柄についてまずクライエント自身から学ばなければならない。また、逆に言えば、セラピストがあらかじめもっている知識によってクライエントの状態を判断し、それをクライエントに一方的に押しつけてはならないということでもある。

このような態度でクライエントに臨むとき、セラピストは好奇心をもってクライエントの話に耳を傾け、彼に学ぶために様々な質問をすることになるだろう。それがまた新しい語りを引き出し、やがて二人のどちらも予想していなかった新しい可能性へと導かれていくのだ、とアンダーソンはいう。

このことはセラピストの知識が一見正義にかなっているように見える場合にも注意深く守られるべきものだ。例えば、女性クライエントの語りを聞きながら、そこに社会が押し付けてくる性差別的な物語を見いだしたとしても、そのことを外側から指摘してクライエントの語りに変更を迫るようなことは避けなければならない。それはしばしば社会正義の名のもとにセラピスト自身の語りを特権化してしまい、クライエントの語りを周辺へと追いやってしまうからだ（Anderson［1997: 134, 97］）。実際、マリリン・クレイナーとケイト・イングラムの二人は、摂食障害に苦しむ女性たちのグループで、性差別を批判する（政治的）視点を彼女たちに取り入れさせようとして失敗してしまったときに、その反省としてこう述べている。

ジェンダーについてのセッションが終わるまで、私たちは、プログラムを通して闘うはずの相手と同じことをやってしまったのだ。つまり、私たちは、参加者のジェンダー経験やそれに結び付いた意味をもっと注意深く探るのではなく、ジェンダーや社会についての自分たちの考えや意味を、若い女性たちに押し付けようとしたのである。(White & Denborough eds.［1998＝2000: 122］)

この反省の言葉に含意されているのは、どのような正義であれそれによってセラピストの語りを特権化することは避けられるべきだという徹底した「無知の姿勢」である。[22]

最後に彼らのアプローチの特徴をよく表している事例を紹介しておこう。

クライエントは四〇才の男性。長期にわたる妄想にてこずった精神科医からグーリシアンにまわされてきた。彼は、「自分が伝染病にかかっていると長い間信じ込み、他人にもそれを常にうつし場合によっては死に至らしめているという思いにとらわれ」、「自分の病気が伝染し他人を傷つけ滅ぼすという理由で、怯え、取り乱し、不安にかられていた」(Anderson & Goolishian［1992＝1997: 77-78］)。このクライエントに会って最初にグーリシアンがした質問は「この病気にかかってどのくらいですか」というものであった。男は、セラピストが自分の訴えを妄想と扱わなかったことに驚いた様子だったが、結局、自分がその病にかかったいきさつを話し始めた。[23]グーリシアンはこの質問の狙いを、クライエントの信じている物語について学ぶこと、そして新しい意味と新しい物語が生まれてくるチャンスがやってくるように会話をすることにあったと説明している。実際、この会話はクライエントによい影響を与えたようだった。

しばらくして、その後の経過を精神科医に尋ねたところ、この面接が自分とクライエントに与えた影響は今も続いており、治療セッションは以前ほど困難なものではなくなり、彼の生活状況もずいぶん良くなったと語った。(Anderson & Goolishian [1992＝1997: 82])

このセッションをみていた同僚からは、その質問がかえってクライエントの妄想を強めてしまうのではないかという批判が投げ掛けられた。だが無知の姿勢からは、クライエントの物語が妄想であるとはじめから決めてかかることはできない。「もし、『病気にかかったと思ってからどのくらいですか』といったより安全な質問をしていたら、聞き手の先入観や既成の理論枠組からの見方を押しつけることになり」、会話を通しての共同作業は不可能になってしまうからである(Anderson & Goolishian [1992＝1997: 81])。

(2) 脱構築としてのセラピー

物語療法のもうひとつのアプローチは、物語の「脱構築」によって特徴づけられるので、これを「脱構築としてのセラピー」とよぶことができる。このアプローチの中にも様々なヴァリエーションがあるのだが、ホワイトとエプストンの理論がそれらの原型となっているので二人の議論を中心にして説明することにしよう。

彼らの言う意味での物語療法が前提にしているのは、人間の生きている世界・人生・自己といったものすべて（要するに彼にとってのありとあらゆる現実）が、彼・彼女の語る物語を通して生み出され（構成され）、また維持されているという認識である。だとすると、クライエントがセラピストのもとに持ち込む問題や苦痛もまた物語によって構成されるものであるから、その物語を書き換え語り直すことで苦痛・問題は緩和できるはずだと彼らは考える。

ではどのような物語が苦痛を生み出すのだろうか。

それを説明するために彼らは、人々によって実際に「生きられた経験」とそれについて「語られる物語」という対比を示し、前者が無限に複雑であるのに比べて、後者は相対的に単純であるという点に注意を向ける。そもそも自己物語というのは、人生の途上で起こった様々な出来事の中から特に意味のあるものだけを拾い出し、それらの間に脈絡をつけてまとめあげていくものであるから、「生きられた経験」のすべてがそこに汲みつくされているわけではない。だから、人が自分の人生を語るときには、その物語に場所を与えられない多くの経験が沈黙の中に取り残されることになる。

他方、物語による現実の構成は、その物語が他者に聞き届けられ、受け入れられることによってはじめて効力を持つようになるので、その筋立て・語り方・語彙などは、他者から受け入れられやすいものになりがちである。そのように他者（あるいはその集合としての「社会」）の好みに合わせるような形で語られる自己物語を彼らは「ドミナント・ストーリー」と呼ぶ。他者や社会の好みに合わせるのであるから、ドミナント・ストーリーは、他者・社会の側にとって意味のある出来事・経験の方にばかり光を当て、語り手本人にとって重要な出来事・経験の方はしばしば物語の外に取り残してしまいがちだ。苦痛が生み出されるのは、自己物語と「生きられた体験」との間のこのようなずれが大きくなってしまったときであると彼らは考えた。すなわちクライエントが「自分たちの経験を『ストーリング』している物語と／または他者によって『ストーリーされて』いる彼らの物語が充分に彼らの生きられた経験を表していないときであり、そのような状況では、これらのドミナント（優勢な）・ストーリーと矛盾する彼らの生きられた経験の重要な側面が存在する」のである（White & Epston［1990＝1992: 34］）。

したがってセラピーの最終目的は、彼らの考えでは、クライエントをドミナント・ストーリーから解放し、彼・彼女らの「生きられた経験」によりフィットする（しっくりくる）ような物語への書き換えと語り直しを援助することにある。この書き換えのための鍵となるのが、「ユニークな結果（unique outcome）」と呼ばれるものだ。これは「ドミナント・ストーリーの外側に汲み残された生きられた経験」（White & Epston［1990＝1992: 35］）を指す言葉であり、言い換えると、現在の自己物語には組み込まれないまま放置された――語られない、あるいは語られていても周辺においやられている――出来事やエピソードである。(24)脱構築的アプローチは、そのようなユニークな結果に光を当てることでドミナント・ストーリーの一貫性や全体性、包括性に亀裂を入れ、そこを梃子にして物語全体の変容を引き起こすことをその基本方針としている。

このような理論を前提にして彼らはいくつかの独特の技法を提案している。それらの中でも特に多くのセラピストによって実際に用いられているものを三つ紹介しよう。

一つ目は「外在化」と呼ばれる技法だ。これは、クライエントが「自分」と「問題」とを融合させ、両者をイコールで結ぶような語り方をしているときに(「私が問題だ、私が病気だ、私が悪いのだ」等々)、これをいったん停止させて、問題をクライエントその人から切り離すような語り方をセラピーの会話に導入することをいう(White & Epston [1990=1992: 59]、Zimmerman, J. & Dickerson, V. [1996])。これによって、「クライエントその人が問題である」という語りから、「問題なのは問題そのものであり、クライエントはクライエントで別のものだ」という語りへと語り方が変えられる。このような変化は、それまで問題についての語りそのものとイコールであった自己物語を〈問題に対抗する私〉という構図での語りに変えていく。この構図は、問題に支配されていないエピソード〈ユニークな結果）が語り出されやすい（言語化されやすい）状況を準備することになる。

例えば、アリス・モーガンが報告している事例では、クライエントの突発的で奇妙なけいれん的動作――それはトゥレット症候群と診断されたのだが――をセラピストは「くせ」と名づけ、「クライエントは病気だ」という語りから「クライエントはその『くせ』とどのように戦っているか」という語りに語りの主題を変化させていった。そしてクライエントとともに、「くせ」がクライエントを支配するときに利用する様々な戦略や手段、これまでの戦いの戦歴（どれくらい「くせ」にしてやられたか、どれくらい「くせ」を出し抜いたか等々）、また、こちらから利用できる反撃策はどのようなものか、等々についての語りを練り上げることによって、「くせをだしぬく、くせをコントロールする私」へと語りをかえていったという（White, C. & Denborough, D. eds. [1998＝2000: 45-60]）[25]。

二つ目は、手紙の利用だ（White & Epston [1990＝1992: 158-160]）。手紙は、セラピストの方からクライエントに向けて、面談内容を要約し振り返るために書くこともあるし、クライエントがその都度必要な誰かに向けて自分がセラピーで得たことを書き送ることもある。特に後者の場合にはクライエントはそれまでの自己物語とは異なった物語を自ら筋立てて語ることになり、それと同時に、その新しい物語にオーディエンスを引き込むことにもなる。すなわち、それは、ストーリー化するだけでなく、他人に向けて伝えるという意味でも物語行為のレッスンとなるのである。

エプストンらはこのような手紙の利用をさらに一歩進めて、「手紙書きキャンペーンletter writing campaign」という技法を提案している（Madigan, S. & Epston, D. [1995: 272-275]）。これはクライエントを知る人たち複数に、彼・彼女が現在おかれている苦境を伝えるとともに、彼・彼女についての「問題」が支配している物語（ドミナント・ストーリー）とは異なったストーリーを聞かせてくれるように依頼する手紙を書くというものだ。これによってクライエントは新しい物語の可能性とそれを受け入れてくれる聞き手とに接近することができる。

三つ目は「関心の共同体」の組織化と活用だ。関心の共同体とは、同じような問題を抱えているクライエントたちの仮想共同体を指すものであり、しばしば「反……連盟」と名乗る（例、反過食・拒食連盟、反習慣連盟、等々）。エプストンらの考えでは、「連盟とは、人々の生活に特定の問題が与える影響に抵抗したいという望みをもつ者たちの集まり」であり、その目的は「特定の問題とそれを支える構造に戦いを挑むこと」にある（Madigan, S. & Epston, D. [1995: 261-262]）。

例えばセラピーが行き詰まってしまったときに、自分の問題に関わりのある連盟がすでに組織されていた場合、セラピストを介してそこにアドバイスを求める手紙を書く。すると連盟に蓄積されているその問題に関する様々なドキュメント（手紙、ハンドブック、ビデオ等々）が送られてくる（例としてLobovits, D. H., Maisel, R. L. & Freeman, J. C. [1995: 231]

を参照)。またときにはかつてのクライエントがセラピーに招かれて、いわゆるリフレクティング・ティームの一員として参加し、クライエントの家族に助言することもある(Epston, D., White, M. & "Ben" [1995: 285-287])。そこからクライエントは、問題を外在化する手がかりをつかんだり、新しい物語の可能性や、新しい聞き手へ接近する通路を得ることができるのである。

最後に、脱構築的アプローチの特徴が比較的よく現れていると思われる事例を紹介しておこう。

これはペギー・ペンが報告している事例で、クライエントの夫婦は愛し合っているにもかかわらず関係がどうにもうまく行かないという悩みで彼女のもとを訪れた(Penn, P. [1998])。何度か面接を重ねるうちにこの夫婦は実は二人とも幼い頃に親から虐待を受けていたことがわかってきた。そこで彼女は、その虐待経験について自分がどう感じていたのか、率直に伝える手紙を親にあてて書いてみるようにアドバイスする(ただしこれは書くことを通して体験を外在化することが目的なので実際に投函されるわけではない)。

ところが妻の方は、その手紙を書こうとすると、かつてレイプされたときの経験がなまなましくよみがえってきて、体が思うように動かせず、どうしても指示された手紙を書くことができなかった。ペンはこのことを聞いて、妻の中の自己否定の感覚、すなわち「レイプにあったのは自分が悪いのだ、自分に責任があるのだ」という感覚がレイプされた経験を語り得ないものにしてしまっているのではないかと推測した。そこで次の面接でフラッシュバック（強烈でなまなましい想起）について話を聞く際に、「もしレイプの場面にジョー（夫）がいたとしたら彼はどんなふうに相手（加害者）を退けてくれただろうか」と尋ねた。その答えを書き留め、何度も声に出して読み返すことによって、しだいに身体の硬直は緩和していった。

ここには、物語ることができなかった体験（これ自体がそれ以前の彼女の自己物語にとっては外部におかれた経験、ユニークな結果であるということもできる）を、手紙と仮想的な他者という二つの工夫によって新しい自己物語へと変えていく過程が見て取れる。

以上、かけあしで物語療法の二つの流れを概観してきた。問題は、ここに示された「自己」についての考え方や「自己」と「物語」の関わりが、社会学にとってどのような含意を持っているのかということである。次の節で、そこを明確にしていこう。

3 物語療法から社会学へ

前節でみてきた物語療法の要約は、セラピーに実際に携わっている人々の説明をもとにしたものだ。だからその説明は、あくまでもセラピー（とその近辺）という具体的な場を念頭においたものであり、理論についても技法についてもそのような場で利用されることを前提にしている。本章は、社会学の自己論にとって意味のある認識を物語療法から学ぼうとしているのであるから、前節の（セラピーという具体的な場と結び付いた）説明をある程度抽象化・一般化して、整理しなおす必要があるだろう。

そこで前節を引き継ぐ形で、「会話的アプローチ」と「脱構築的アプローチ」という区分にそって、それぞれがどのような（社会学的）含意をもつのか整理していくことにする。その際、自己物語の捉え方について、二つのアプローチのコントラストをはっきりさせるよう心がけることにしよう。

(1) 自己物語が自己を構成する——会話的アプローチに学ぶ

アンダーソンらのアプローチの要になるのは、「会話」であった。すなわち会話を通して自己は生み出され、維持され、また変化させられるのである。

その含意を一般化してみると、「会話」のもっている二つの側面が浮かび上がってくる。一方で、会話とは言葉を用いて意味を生み出すことである。自己もまた、会話によって紡がれる物語と意味を通してその構造と一貫性を得ている。すなわち、「自己がある」というときのその「ある」は、例えば「机」が「ある」というときの「ある」とは違って、「モノ」の水準ではなく「言語」や「意味」の水準にあるということだ[26]。他方で、会話とは他者とのかかわりあい（相互行為）である。それゆえ自己は、意味的・言語的に生み出されるばかりではなく、他者との関係の中で生み出されるものでもある。すなわち「自己がある」の「ある」は、それ自体として（単独で、自己完結して）「ある」のではなく、他者との関係の中であるいは他者との間に「ある」。

つまり、会話的アプローチの自己論をセラピーの現場から離れて一般化するならば次のようになる。自己とは（1）言語的および意味的に構成される現象であり、（2）その構成は必ず他者とのかかわり合いを通して行われるものである、と。一般に、〈言語を用いた相互行為によって現実が構成される〉という考え方を「社会構成主義」と呼ぶのであるが、それにならっていえばこれは社会構成主義的自己論ということになるだろう。ここで注意しておかなければならないのは、それがいわゆるコンストラクティヴィズム、すなわち〈認識主体の認知のメカニズムに相関して現実が構成される〉という考え方とは異なるものであるということだ。その違いは上の（2）の点にある。コンストラクティヴィズムが認識主体の内側から構成が行われると考えているのに対して、社会構成主義は認識主体どうしの間で構成が行われると考える。[27] リン・ホフマンがマトゥラーナやヴァレラなどのコンストラクティヴィズムと対比しながら社会構成主義について次のように書いているのはそのためだ。

私は次のことを理解した。社会的構成主義者は、社会的解釈過程と言語・家族・文化の相互主観的影響力の方をより重視しており、神経システムがものを知覚するときのオペレーションについてはさほど重視していないのだ、と。(Hoffman [1990: 2])

このように定式化してみると、会話的アプローチから引き出される含意は、社会学の分野でのいくつかの理論的潮流(シンボリック・インタラクショニズム、ゴフマンのドラマトゥルギー、現象学的社会学、エスノメソドロジー、構成主義/構築主義等々)と重なり合うものであることがわかる。会話的アプローチを一般化することによって、「自己」もまた他の対象と同じように社会的・言語的に構成されているのだということを再確認できるのである。[28]

ところで、物語を、前章でみた三つの点(視点の二重化/選択的構造化/他者への伝達)

によって特徴づけられるとすると、この社会構成主義的な自己論は「選択的構造化」と「他者への伝達」を特に強調するものであるといえるだろう。これは物語療法全体の基礎となっている考え方なのだが、[29] 実はそれと同時に、「物語」という概念を無用のものにしてしまいかねない見方でもある。というのもここでいう選択的構造化（出来事の選び出しと並べ替え）は、あくまでも他者との関係の中で行われることであって、その関係が流動的であったり開放的であったりするのに応じて物語もまた容易に変わっていくと考えられている。それに対して、物語が経験に一貫性や構造を与えることができるためには、一定の「閉じ（閉鎖性）」と「変わりにくさ（固定性）」をもたないわけにはいかない。むしろ、人々の経験をある閉じた変わりにくい枠組みのうちに安定させることこそ、物語に固有の働きであったはずだ。アンダーソンが関係の流動性や開放性を強調すればするほど、[30] 物語はその固有の性質を失っていく。

実際アンダーソンは物語という用語から距離をとりはじめている。例えば、一九九七年の共著論文に付されたインタビューの中で、彼女は次のように語っている。

「物語」は、数年前には、人々を理解するための文学的・解釈学的アプローチを構造的・科学的なそれから区別するために役立つ用語でした。けれども今日では、この分野での物語の用いられ方はもはや私たちには合いません。私たちは自分達を物語の専門家

とは考えていないのです。（Anderson & Levin [1997: 276]）

もちろん物語という用語は、人々が経験を構造化し理解するための枠組をよく表現してはいる。けれどもそれは、個人の内部にあって、他者から切り離されているような自己という近代的な自己像に逆戻りさせる危険性をも含んでいるのである。彼女は上の引用に続けてこのようにも語っている。

私たちのポストモダン的で社会構成主義的な自己の見方からすると、個人というのは関係的なものなのです。人々は、たえず他者や彼らの歴史、進化する文脈との関係の中で自己を構成しています。それゆえ、誰かに帰せられるかもしれないどんな物語も、その人の内的な所有物なのではなく、むしろ社会的、多声的、そして動的な産出物なのです。（Anderson & Levin [1997: 276]）

重要なのは関係とその流動性・開放性であり、物語という用語はむしろそれをあいまいにしてしまう危険性がある。それゆえ社会構成主義は、現在物語療法といわれているものを越えてその先に進まなければならないのである（Anderson [1997: 228]）[31]。それではそのような社会構成主義の方針とよくなじむような物語の捉え方はあるのか、あるとしたらそれはどのようなものなのか、という疑問が生じるが、これについてはアンダーソンは何も語っていない。

むしろ彼女は、実際の技法の面でも物語という考え方を遠ざけているように思える。例えば、脱構築的アプローチに立つパリーとドゥーアンが、物語療法を一種の物語編集にたとえているのに対して（Parry & Doan [1994: 119-121]）、彼女はこの「エディタ」というメタファを、それによってセラピストがクライエントの上から介入することになりかねないものであるとして退ける。「セラピストの課題はクライエントの物語を脱構築したり、再生産したり、再構成したりすることではない」のであり、エディタというメタファに固執すると従来の専門家主義にふたたび陥ってしまう危険があるというのである（Anderson [1997: 96]）。

結局、会話的アプローチは、一方で、物語療法の社会構成主義的な側面を代表しており、他方で、社会構成主義的な方向性をよりいっそう進めていく中で「物語」という概念をしだいに無用のものとしつつある。アンダーソンらは物語論を否定するわけではないが、物語に固有の働きを積極的に明らかにすることにはどうやらあまり関心をもってはいないようだ（あるいはむしろそのような関心の持ち方を警戒しているようでさえある）。そこであらためて自己物語そのものを理論の焦点にすえなおすことを期待しながら、次の脱構築的アプローチの検討に移ることにしよう。

(2) 自己物語は語り得ないものを含みかつ隠蔽する——脱構築的アプローチに学ぶ

脱構築的アプローチの要となるのは「ユニークな結果」だ。ドミナント・ストーリーの筋立てからはみ出してしまうようなエピソードであるユニークな結果を梃子にして自己物語全体を書き換えていこうとするのが脱構築的アプローチの基本方針である。「はみ出してしまう」という言い方をしたが、言葉を換えて言えば、ドミナント・ストーリーの構造の中に位置づけきれなかった（回収しきれなかった）エピソード、あるいはドミナント・ストーリーの筋の中にうまく登録できなかったエピソード、それが「ユニークな結果」なのである。その意味でそれはドミナント・ストーリーによっては「語り得ないもの」であるといってよいだろう。この見方を一般化していくと、次の二つの結論にたどり着く。ひとつは、（1）（ドミナント・ストーリーに限らず）どのような自己物語も、その中に「語り得ないもの」を含んでいるというものであり、もうひとつは（2）自己物語はこの「語り得ないもの」を隠すことによって成り立っているというものだ。順に説明していこう。

一つ目の結論について。まずユニークな結果が置かれている位置の奇妙な性格をよく理解しておく必要がある。アンダーソンら社会構成主義の考えに従えば（そしてホワイトやエプストンもいちおうはそれにしたがって議論を進めるのだが）、どのような現実も言語を用いた社会的相互作用のなかで、何らかの物語を通して構成されるのであった。ユニークな結果は、クライエントの自己物語に耳を傾けるセラピストにとっては、介入のための有力な手がかりとして、したがって実践的な意味を帯びた「現実」として現れてくる。けれどもそれと同時にユニークな結果は、そこで語られている自己物語（ドミナント・ストーリー）からは排除されたもの、あるいは少なくともごく周辺化されたエピソードであった。とするとそれは物語られ損ねたもの、構成され損ねたもの、物語や構成の「つまずき」のようなものであるということになる。つまり一方においてユニークな結果は何らかの意味でたしかに「現実」であるのに対して、他方においてそれは物語の失敗（構成の失敗）でもある。社会構成主義は、すべての現実が社会的に構成されたものであると教えるが、ユニークな結果は物語（構成）の失敗でありながら、同時に、その物語（構成）に対してある意味現実的な効果をもたらすという奇妙な性質をもっているのである（構成された現実と構成の失敗という現実）。

ここで言う「現実的な効果」というのは、例えば前の節で紹介したペギー・ペンのクライエント（妻）の場合のように、それまでの自己物語において語られてこなかったことを語ろうとするとき身体が「つまずく」（硬直して手が動かない）という形で現れてくることもあるし[32]、もうすこし一般的には、それに焦点を当てることで自己物語が変容していくという臨床的・実践的な形で現れてくることもあるだろう。だが、いずれにしてもその効果は自己物語のさ中に、自己物語が語られているその場に、姿を現すものだ。それは未だ実現されていない抽象的な可能性としてどこかに潜んでいるのではなく、自己物語の現場にすでに現れている。ユニークな結果は、自己物語の外側にあるのではなく、その内側に(しかもときにその中核部分に)、あるいは現実が今まさに構成されつつあるそのただ中に、その構成をつまずかせるようにして、姿をみせているのである[33]。

「ユニークな結果」のこのような効果を考えると、これを一般的に「語り得ないもの」とよぶことができる。それは自己物語の中にあって、語られ損ね、筋立てに登録され損ね、あげく物語をつまずかせてしまうような「穴」のようなものだ。ホワイトとエプストンらは「ユニークな結果」という考え方を、ドミナント・ストーリーに対比させながら用いているが、ドミナント・ストーリーはそれが語り手(あるいはその文化)にとってたまたま優勢になっているというだけであって、自己物語一般に比較して特に構造的・質的な差異をもっているわけではない。したがってこの「語り得ないもの」という穴はどのような自己物語の中にも開いているのだと考えるべきだろう。

二つ目の結論に移ろう。思い返してみれば、自己物語というのは、それを通して自己の様々な経験が構造化され意味を与えられるような語りであった。「私」の構造と一貫性はそのなかで生み出され、維持されていく。とするなら、「語り得ないもの」とは、そういった構造・一貫性・意味に亀裂を入れるはなはだ危険な要素であるということになるだろう。自己物語を首尾よく語りつづけるためには、この要素をなんとか見えなくする工夫が必要になる。自己物語を語ることは、語ると同時に、単に語るだけではなく、物語のつまずきや穴を隠蔽し、ときには強く抑圧することでもある。

だが隠蔽や抑圧といってもその働きには大きく言って二つの水準を区別しなければならない。ひとつは、現に語られている自己物語（ドミナント・ストーリー）の筋立てに収まりきらない出来事や経験を、あたかも些末なものであるかのように無視したり語りの周辺に追いやったりするという、いわば具体的な水準である。もうひとつは、現に語られている物語が唯一のものではないと暗示するような（つまり相対化してしまうような）出来事の一切を視界から遮断するという相対的に抽象的な水準だ。物語療法がクライエントの自己物語を変容させていく過程は、この具体的な水準の隠蔽を解除することに始まって、最終的には、物語全体の信憑性を支えている抽象的な水準の隠蔽を解除することに向けて進んでいくものと考えられる。

重要なことは、あれこれのエピソードを含んだり含まなかったりするということそれ自体ではなく、自己物語の中に現れてくるある要素によって、その語りの確からしさ（そういうふうであるほかなかったという外観）を支えているものが実際には空虚なものであることが示されてしまうことだ。もしこの要素を隠すのでなければ、その自己物語は土台を失い、不確定なものとなってしまうであろう。しかし隠蔽や抑圧といっても、それは語り得ないものを物語の外部へ放逐してしまうということを意味してはいない。なぜなら、そのような外部が実体としてあるわけではなく、語り得ないものはむしろ自己物語の中にいつでも姿を現しているのだから[34]。

以上、二つの結論を簡単に説明してきたわけだが、ここで、「語り得ないもの」がなんであるのかということについて、物語療法の文脈からは多少はずれることになるが、別の角度から考えてみる。

まずはアンダーソンの言葉を手がかりにしてみよう。彼女は、セラピー的会話への参加者がみな対等であり、だれも特権的な位置には立てないのだと論じる中で次のように書いている。

私たちは出来事やセラピーの会話に対してメタ的ではあり得ない。私たちは単にそこに参加するだけだ。すなわち、異なった位置、異なった角度、異なった先行了解から、会話を観察し、それに耳を傾け、言葉をかわすのである。それぞれの位置は多くの可能な諸位置の一つである。(Anderson [1997: 115])

メタ的であり得ないということは、出来事や会話を全面的に把握できるような特権的な語りの視点をもつことがだれにもできないということを意味している。これは語られるべき対象（出来事や会話）と語る主体（あるいは語りそのもの）が、ともに同じ水準（ここでは同じ「会話」という水準）に属していて、後者がその水準の「外」にも「上」にも出ていけないということにほかならない。アンダーソンの徹底した対話主義（あるいは会話の民主主義）は、「語るもの」と「語られるもの」との間の上下関係（階梯構造）が原理的には成り立たないという洞察にまで至っているのである。

この洞察の重要性は、しかし、自分自身を語る場合にこそよりはっきりと現れる。すなわちそれは、「語る自己」と「語られる自己」との間に明瞭な階梯をもうけることができないということであるから、いわゆる「自己言及のパラドクス」をあらわにしてしまうのである。[35]自己言及のパラドクスとは、例えば「この文章は偽である」という文章が、自分自身の真偽に言及しているために真とも偽ともつかない状態におかれてしまうような事態を指す。これはふつう語るもの（メタレベル）と語られるもの（オブジェクトレベル）という階梯を設けることによって回避されているのであるが、アンダーソンの洞察がおしえるのは、この階梯が原理的には維持できず、いつでもこのパラドクスが姿を現し得るということなのだ。アンダーソンの先の言葉は、だれの言葉も他のだれかの言葉の意味を最終的かつ全面的に確定することはできない、という趣旨であったが、自分自身を語るという営みに即してそれを言い直すなら、自分自身についての語りを確かなものであると保証するような言葉を自ら生み出すことは最終的にはできない、ということになる[36]。

「語り得ないもの」とここまで呼んできたものは、その働き（効果）を考えてみると、このようなパラドクスの具体的な現れのひとつとみることができるだろう。単にうまく語りえないエピソードや、周辺化されて自己物語の大筋に組み込まれていないエピソードといった具体的なものだけが「語り得ないもの」なのではなく（それらは実際セラピーの過程で語り得るものになっていく）、最終的に自己自身を物語ることが不可能であること、あるいは自己言及のパラドクスによって物語が宙づりにされてしまうことこそが「語り得なさ」の実質であると考えられる。言い換えると、それは自分自身の語りの確かさを支えることの失敗や挫折が具体的なエピソードの形をとって自己物語の中に現れたものなのである。エプストンやホワイトらは、しばしばヴィクター・ターナーの通過儀礼についての議論を参照しながら、セラピーのなかで「仮定法的 subjunctive」な空間を開くことが重要であると指摘している（White & Epston [1990 = 1992: 101–103], Epston, D., White, M. & "Ben" [1995], Madigan, S. & Epston, D. [1995], Turner, V. [1974 = 1981]）。仮定法的な空間というのは、事柄の真偽をいったん宙づりにしてしまうものであり、未決定性を一時的に許容するような空間である。それが必要になるのは、自己物語のもたらす不確かさ、未決定性を、この空間の中であからさまに目の前にひろげて、存分に点検し、必要ならば物語を書き換えたり、試したりするためと考えられる。[37] ホワイトとエプストンの議論を、このような文脈で、より一般化して捉えなおすならば、物語に固有の働きは、（現実を構成するということだけではなく）自己言及のパラドクスすなわち「語り得ないもの」の隠蔽にあるのだということができるだろう。

こうしてみると脱構築的アプローチは、物語の三つの特徴のうち、会話的アプローチが強調していた「選択的構造化」と「他者への伝達」を前提にしながらも、「視点の二重化」に照準を合わせた議論であるといえるだろう。[38] 自己が、語る自己と語られる自己とに二重化すること、その二重化がパラドクスと不確かさを物語のうちに生み出すこと、そういったことが「ユニークな結果」（語り得ないもの）の背後にはあると考えられるのである。

4　物語療法の限界

ここまで物語療法の理論に即して、そこから社会学的自己論にとって有用な含意を引き出そうとつとめてきたのだが、最後に物語療法が現代社会において置かれている位置を測定しておく必要があるだろう。物語療法も他の様々な現象と同様にある歴史的・具体的な社会の中に場所をもっているのであり、その理論から学ぼうとするものにとって、それが置かれた位置を知っておくことは決定的に重要なことだからだ。ここではごく簡単に考慮しておくべき論点を指摘するにとどめるが、この議論は本来であれば家族療法の（あるいは心理療法の）歴史社会学という形で別途詳しく展開されなければならないテーマである。

ホワイトとエプストンによると、ある理論がどのようなアナロジー（類比）を用いるかは「イデオロジカルな因子とか流行している文化的実践などを含む多くの決定因子の積み重ねの結果」で決まってくるのだという（White & Epston [1990＝1992: 25]）。とすると「物語」というアナロジーが用いられるようになった背景にも何らかのイデオロギーや文化的実践があると考えられるだろう。どのような「決定因子の積み重ねの結果」、物語というアナロジーはこれほどの支持を集めることになったのだろうか(39)。

「流行している文化的実践」ということからいえば、そもそも自己を語るという実践は家族療法・物語療法に限らず、実は一般に非常に流行している営みである。例えば社会学者アンソニー・ギデンズは、欧米でベストセラーとなった何冊かの人生論をとりあげ、それらがどれも自己物語の語り方を指導するマニュアルとして読まれていると指摘しており（Giddens, A. [1991]）、ケン・プラマーは、同じく欧米の社会に自分自身の性的な事柄をこところかに語りたがる人々が増えてきていると指摘している（Plummer, K. [1995＝1998]）。

日本でも一九八〇年代後半以降、自分史を書こうとする人々が増大し、そういう人々をターゲットにした「物語産業」が確立するまでになっているという（小林多寿子［1995］［1997］）。フランスの思想家ジャン＝フランソワ・リオタールは、ポストモダン社会が大きな物語の解体と無数の小さな物語の散乱によって特徴づけられると論じているのだが（Lyotard, J-F.［1979＝1986］）、それはまた、自分自身について語りたい、語り直したい人々を大量に生み出す社会(40)、あるいはそのような自分についての語りを商品にして大量に消費する社会であるということもできるだろう。

物語療法をこの文脈に置いて眺め直してみると、それもまた自己を語りたいという人々の欲望を満たす商品の一つであると見ることができる。自己物語を語る（語り直す）という作業は、物語療法という商品へとパッケージ化され（そこには会話的アプローチというブランドや脱構築的アプローチというブランドがあり）、購買され、消費される。小林の言葉をかりれば、それもまた「物語産業」なのである。自己の主題化を消費に結び付けているということからいえば、それは高度消費社会のもっとも典型的な商品であるとさえいえるだろう(41)。もちろん商品であるということ自体は何もとがめるべきことではない（何しろ今日の先進資本主義諸国では、よいものの多くは商品という形でしか手に入らないのだから）。けれども物語療法の働き・機能がそのような自己語りの欲望に向けられているということは十分に認識しておく必要がある。というのも、物語療法の理論はまさにその機能を中心にして組み立てられており、機能と結び付いている欲望と共振してしまうことはどうしても避けられないことであるからだ。

このような共振に無自覚なまま理論を用いた場合、理論によって対象を分析しているつもりでいて、その実対象の欲望を繰り返し模倣しているだけであるということが起こり得る。例えば「機能不全家族」理論によって「アダルト・チルドレン」の増大という現象を分析しようとする場合、もしかすると、その理論こそアダルト・チルドレン（と自認する人々）によって欲望されているものであり、分析者がそれを用いて説明を行うことは彼らの欲望を繰り返しているだけ、ということがあるかもしれないということだ。

物語療法の場合、自己を語ることが自然なことであり、自己を語ること、語り直すことは望ましいのだ、という方向性が拭いがたくある。むろんこれは自分を語りたいという人々の欲望に共振しているためなのだが、それに無自覚なままそこから理論を引き出そうとすると、どうしても「自己は自分自身を語ることによって（語ることを通して）構成される」というような形に定式化しがちである（必ずしもこの定式化が誤っているわけではないということが事柄を複雑にするのだが）。これは自分を語りたい人々にとってはまさに「我が意を得たり」といいたくなるような理論だろうが、そのとき理論家は人々の欲望を繰り返してしまっているのではないだろうか。

したがって、この共振によって見えなくなっているものに注意深くなる必要がある。自分自身について語ることや、まだ語られていないこと（これから語られるべきこと）、妨げられた（ほんとうなら語られるべき）語り、別の語り方、等々といったテーマは、すべて語りの欲望に共振している。そういった見方が誤っているわけではないが、同時にそれによって見えなくなっているもの、すなわち「語り得ないもの」にも相応の注意を払うべきである。「まだ語られていないもの」でもなく、「語ることを抑圧されているもの」でもなく、「別の語り方」でもない、端的に「語り得ないもの」に、である。前節で「ユニークな結果」をやや強引ともいえるやり方で解釈し直したのはそのような理由からであった。物語への欲望はこの「語り得ないもの」を見ずにすませたい、という欲望でもある。もし自己への物語論的アプローチが「語り得ないもの」への問いを打ち捨てるとするなら、やはりそれは対象の欲望を繰り返していると考えざるをえないのである。

以上の議論をふまえて、次章では社会学的自己論の書き換えを試みたい。

注

（1） 本文での説明とは別に、この問い（「なぜ家族療法なのか」）の裏側には「なぜ精神分析ではないのか」というもう一つの重要な問いが張りついている（実際、第二章で触れたように物語論に依拠する精神分析の流れもある）。あとでみるように家族療法・物語療法は精神分析に対して一貫して批判的な態度をとり続けているが、それでいて物語療法の実質的な開始点はフロイトの仕事であるということを（しぶしぶながら）認めてもいるというねじれた関係にある。実際、第五章で検討するように、物語療法の核となる認識を（構成主義的な発想を洗い流して）純化しようとすると、精神分析の認識に意外なほど接近するのである。だが精神分析と物語療法との関係についてきちんと論じるためには、機会をあらためて別の論考を準備しなくてはなるまい。

（2） 例えば社会学者長谷正人は、家族療法の理論や概念を用いながら、「行為の意図せざる結果」という社会学ではよく知られた概念に新しい光を当てて見せたが、このようなことが可能であるのも社会学と家族療法との間で基本的な理論関心が共有されているからこそである（長谷［1991］）。あるいはまた同じく社会学者野口裕二等が指摘するように、家族療法における社会構成主義（social constructionism）の潮流——これについては第五章で触れるが——は、バーガー、ルックマンらの現象学的社会学をその源流の一つとしている（野口［1999］、Anderson, H.［1997: 40-41］、また Freedman, J. & Combs, G.［1996: 23-25］も現象学的社会学に言及している）。

（3） 臨床社会学と名乗る研究が増えてきているので、「臨床的」という言葉の意味内容が問題になってくるだろう。ここでは、さしあたり、現実を「よりよいものに変える」ことをめざすようなタイプの知を「臨床的」と呼ぶことにしておく。本文の文脈に即していえば、家族療法がクライエントの「自己」や「関係」——他者に対する、社会に対する、あるいは自分自身に対する関係——をクライエント自身にとって望ましい（より生きやすい）方向へと変えていくことに主たる関心を持っているということを指して「臨床的・実践的」と表現している。

（4） とはいえこれもまた、物語療法が家族療法の世界で重要な位置を実際に占めている現在の時点から過去をふりかえり、再構成した物語ということになるわけだが。なお、システム論から物語論へという流れについては、小森康永［1999: 17-23］の簡潔な整理も参照されたい。

（5）あとで見るように、九〇年代以降、チキンは物語療法を、ホフマンはフェミニズムに志向する社会構成主義を、アンデルセンはリフレクティングティームを、それぞれ育て上げ、広めていく役回りを演じることになる。

（6）この基本的な特徴自体が、実は、あとでみるようにポストモダン的アプローチにおいては懐疑にさらされつつある。例えばアンダーソンは、「家族療法 family therapy」は、もはや「家族 family」を特権的な対象とはしていないし、そもそも「介入」や「治療」という意味での「療法 therapy」でもない、と述べている（Anderson［1997: 80, 109-118］）。

（7）例えば遊佐安一郎は家族療法の流れを、精神分析に近いタイプ（ボーエン等）、家族構造を重視するタイプ（ミニューチン等）、家族システムの機能を重視するタイプ（MRI 等）の三つに分けている（遊佐［1984］）。また、アン・フィッシェルは、構造的アプローチ、戦略的アプローチ、システム論的アプローチ、物語論的アプローチという分類を示している（Fishel, A. K.［1999］）。

（8）初期システム論の成果を展開した著書としては Watzlawick, P. et al.［1967＝1998］が最も体系的である。また、ベイトソンらの共同研究の成果として最も有名なのはダブルバインド理論であろう。これは初期のシステム論的家族療法にきわめて大きな影響を与えた（Bateson, G.［1972＝1990］）。

（9）むろんこれはかなり単純化されたものである。実際にはシステム理論のなかでは明白に構成主義的であるといいえるようないくつものアイディアが含まれていた（構成主義については後述）。例えば、ワッツラウィックのいくつかの著作を参照（Watzlawick, P. et al.［1967＝1998］、Watzlawick, P. et al.［1974＝1992］、Watzlawick, P.［1976］）。

（10）ダブルバインド仮説については後でもう一度取り上げる。

(11) ここで個人の内面に照準するアプローチとして想定されているものには様々なものがあり得るが、そのなかでも精神分析が大きな位置を占めていたであろうことは想像に難くない。例えば、フィッシェルは、個人志向的アプローチとして、精神力動的（精神分析学的）アプローチ、現象学的アプローチ、行動主義的アプローチをあげている（Fishel [1999]）。あるいはまた、ジンマーマンとディッカーソンは、物語療法について論じた著書のなかで、精神分析、システム理論、物語論をそれぞれオットー・フロイディアン、ヴァージニア・ベイトソン、ジェローム・フーコーという三人の架空の（！）人物に仮託した上で、それぞれの立場から相手を批判させている（Zimmerman, J. L. & Dickerson, V. C. [1996: 12-21]）。精神分析が家族療法にとっていかに重要な仮想敵であるのかが、そういったことからも推測されよう（もちろんこの同じ時期にシステム論をラカン理論と結び付けようとしたアンソニー・ワイルデンのような重要な例外もいるわけだが：Wilden, A. [1972]）。

(12) 長谷正人 [1991] が試みた社会学と家族療法の接合もこの「問題行動―偽解決」という定式に着目したものだ。その中で長谷は、家族療法の扱うパラドクスを「行為の意図せざる結果」や、さらには、近代社会の基本的な構造と、相同的であると論じている。その上で長谷は、家族療法がシステムの変化について理論化し得るという点を社会学の方から学ぶべき点としてあげている。

(13) 社会構成主義について、また物語論と社会構成主義の関係については第五章で論じる。また、日本では social constructionism を社会構築主義と訳す習慣があるが、ここでは家族療法の慣習にしたがって社会構成主義という訳語をつかうことにする。

(14) 例えば、家族療法の分野の代表的なジャーナルである Family Process は、この数年間毎年一度は物語療法に関する特集を組んでいる。とりわけ一九九八年の特集（「ナラティヴセラピーの成功に対する説明 Accounting for Narrative Therapy's Success」）は、物語療法が効果的であるための条件を検討するというものであるが、このような特集が組まれること自体に物語療法に大きな期待が寄せられている様子がうかがわれる（その意味では物語療法という技法が家族療法の世界で成功をおさめているというふうにとれなくもないタイトル名である）。また小森によれば、同誌には「ケースが付されたナラティヴ・セラピーの論文が、九一年から九七年のあいだに二八篇発表された」という（小森 [1999: 21]）。

（15）一九九〇年に発表した論文でテリー・リアルは、現在家族療法は移行期を迎えていると論じ、これを戦略的な家族療法から情報論的なそれへ、そして言語的・構成主義的なそれへの移行であると判断している（Real, T. [1990]）。また、一九九三年の時点でイーロンとランドは、今日家族療法を受けようとするクライエントは、七〇、八〇年代のクライエントとは異なったセラピー体験をするだろうと指摘している。すなわち「セラピストは人々が自分の人生について語る物語や、その物語から新たな意味を発展させていくことの方により多くの興味を示す」のである（Eron, J. B. & Lund, W. T. [1993: 291]）。

　ただしすべてのセラピストがこのような変化を劇的な転換と受け止めたかどうかについては微妙なところもある。例えば、現在物語療法を実践しているジル・フリードマンとジーン・コムの回想によれば、この転回は「激変」というよりも、もう少しなめらかな移行として受けとめられているようだ（Freedman & Combs [1996: 9-14]）。そしてシステム論と物語論との間にいわば仲立ちのような形でミルトン・エリクソンの名前がおかれていることにも留意しておく必要がある。

（16）この批判は、社会学の世界で構造機能主義・社会システム論に意味学派が向けた批判と同型である点に注意しておいてほしい。

（17）さらに言えば物語療法は同じく一九八〇年代に現れた他のアプローチとも緩やかなつながりを持

っている。例えば、スティーヴ・フリードマンの編纂した『変化の新しい言語』という論文集には、物語療法の他に、解決志向アプローチやリフレクティングティームなどに従事する人々の論考をおさめている（Friedman, S. [1993]）。また解決志向アプローチから物語療法を積極的に取り込もうとする試みもなされているし（Eron, J. B. & Lund, Th. W. [1996]）、実際かなりの程度まで両者は融合しつつある（例えば、Hoyt, M. & Kim Berg, I. [1998: 315-317]）。

他方、あとで触れるように同じように物語療法と見なされていても、アンダーソンらのグループとホワイトとエプストンのグループでは考え方が大きく食い違うところもある。つまり、物語療法のアイデンティティは、外に対しても内に対しても曖昧さをもったものなのである。

(18) クレイグ・スミスは、これと同様の分類を行った上で、それぞれを「再著述型アプローチ re-authoring approach」と「解釈学的・対話的アプローチ hermeneutic/dialogic approach」と呼んでいる（Smith, C. [1997: 35-44]）。

それに対して小森康永らは、この二つにトム・アンデルセンを中心としたリフレクティングティームを加えて、物語療法の三つのモデルとして提示している（小森・野口・野村 [1999: 10]）。しかしリフレクティングティームは物語という概念に内在的な連関をもっているわけではない。例えばスティーヴ・フリードマンの編纂した『実践におけるリフレクティング・ティーム』という論文集には、たしかに物語アプローチをとる論文もおさめられているのだが、全体としてみれば、むしろ物語アプローチでもそれ以外のアプローチでもリフレクティングティームという技法を有効に活用することができるのだということこそがそこでは示されているように思われる。またこの論文集の序文で、リン・ホフマンはポストモダン的な家族療法の流れとして社会構成主義、物語療法、リフレクティングティームをあげているが、その際にこの三者の間で共有されているのは、協同性 collaboration とポストモダン性であるとされており、物語という概念ではないという点にも留意する必要があろう。

(19) アンダーソンの考えでは、この転換の前提には（ポストモダン的と彼女が呼ぶところの）認識論がある。それによると、人間の作り出すシステムはみな言語による相互作用として成り立っており、「現実」はそのようなやりとり（会話）のなかで社会的に生み出される。自己もまたそのような現実の一つなのだから、それは社会的（会話的）構成物にほかならない（Anderson [1997: 3]）。これは第五章でとりあげる社会構成主義の立場を簡潔に述べたものとなっている。

(20) アンダーソンはこのことを次のようにも表現している。

「問題は言語の中で生き、そして呼吸している。問題の領域で言語を用いlanguagingあるいはコミュニケートすることが、社会システムを作り出す。すなわち問題がシステムをつくるのである。問題がシステムを決定しているわけだ。」（Anderson [1997: 82]）。

(21) 「解消 dis-solve」という言葉は、「問題」が「溶けて消えていくようになくなる dissolve」という意味あいと、「解決されるのではない not solve」という意味あいの両方を込めて、ハイフン入りで用いられている。

(22) このような態度はすでにカール・ロジャースが個人カウンセリングにおいて強調してきたところのものではないか、という疑問もあり得よう。これはもっともな疑問である。実際リン・ホフマンはアンダーソンの著書に付した序言で、アンダーソンとグーリシアンの貢献が、個人セラピーにおいてカール・ロジャースがなした貢献に等しいと指摘している（Anderson [1997: xv]）。またこのような態度の導入にともなってセラピーにおける階層関係や権力関係に関する議論が一時期活発化した。

(23) この男性は船乗りだった頃に、ある港で娼婦と関わりをもち、そのときに病気になったと感じた。最初に出かけた病院ではある宗教団体にはいっている看護婦が対応し、そのような「性的逸脱者」はここでは扱っていないと告げた。これによって男は恥と罪の意識を抱え込んでしまい、ひとり悩み続けることになった。おそらく精神分析ならここから壮大な（そしてもちろん興味深い）物語を作り出すのだろうが、グーリシアンはその物語を淡々と受け止める。

(24) ちなみに「ユニークな結果」という概念は、ゴフマンの『アサイラム』から取られたものだ（White & Epston [1990＝1992: 35]、Goffman, E. [1961＝1984: 133]）。

(25) ただし、パリーとドゥーアンが指摘しているように、問題と自分の関係を戦いや競争のメタファーで語ることがすべてのクライエントに有効であるわけではない（Parry, A. & Doan, R. [1994: 55]）。例えば、ジンマーマンとディカーソンは「問題 problem」を主人公にしたユーモラスな物語療法の本（『もし問題が語るなら If Problems Talk』）を書いているのだが、このなかで「問題」の描き方は、「殲滅すべき敵」というよりはもうすこし愛敬のあるものとなっている（Zimmerman, J. & Dickerson, V. [1996]）。また外在化はポジティヴな要素を際立たせるためにも行われる。例えば、ドゥーアンは「愛」と「恐れ」をともに外在化し、これをクライエントとの会話に導入している（Doan, R. [1998]）。

(26) 正確にいえば、「机」やその他の物的な対象でさえも、言語システム（シンボリック・ネットワーク）の上に登録されてはじめて「ある」といえる。アンダーソンらはその上で、人間が意味を自ら生成する主体であるという点を重視している。人間を「意味を生成するものとは捉えない」ような理論は、彼らにとって「実用性に限界がある」ものなのだ（Anderson & Goolishian [1992＝1997: 61]）。

(27) それは神経系や細胞の代謝をモデルとして構想されていた（Maturana, H. & Varela, F. [1980＝1991], Varela [1984] [1989]）。

(28) 実際片桐 [2000] はシンボリック・インタラクショニズム、構成主義（構築主義）、物語論をひとつの流れに属するものとして扱っている。

(29) 事実、明確に脱構築的アプローチを採用するセラピストにあっても、アンダーソンらの会話的アプローチは、否定されるべきものというよりは、その前提となるもの、基本的な態度や心構えというレベルで受け入れられている(Zimmerman & Dickerson [1996], Parry & Doan [1994], また Smith & Nylund [1997] に寄せられた諸論文も参照)。

(30) アンダーソンとグーリシアンは一九八八年の論文で「システムは流動的であり、常に変化し、決して固定せず、決して終りがない」と強調している(Anderson & Goolishian [1988: 372])。またアンダーソンは一九九七年の著書のなかで言語的システムを「流動的で進化していくコミュニケーション・システム」と表現している(Anderson [1997: 24])。要するに言語的システム(会話)の流動性と開放性を繰り返し強調しているのである。

ちなみに、社会学における構成主義(構築主義)の代表的理論家、ホルスタインとグブリアムは「言説的実践 discursive practice」という概念から区別して「実践における言説 discourse-in-practice」という概念を提案している。前者はほぼ関係の開放性に対応する概念であり、後者はむしろ物語の閉鎖性に対応するものと考えられる(Holstein & Gubrium [1999])。

(31) また、アンダーソンは一九九八年に発表した共著論文において、物語というメタファの使い方にはモダンな視点からするものとポストモダンな視点からするものとがあると述べている。後者の特徴は、物語が(語り手の内側ではなく)他者との関係の中で生み出されるものだと考える点にあるという(もちろん彼女自身の立場は後者である)(Anderson & Levin [1998: 48])。物語という言葉を使ってはいるものの、ここでも強調点は開放性・流動性の方におかれている。

また彼女のこのような批判は、ガーゲンが、自らマクナミーとともに編集した本の中で展開している物語概念への批判と重なり合うものと考えることができる（Gergen & Kaye [1992＝1997]）。ちなみに、この本の原題は『社会的構成としてのセラピー Therapy As Social Construction』であるが、邦題は『ナラティヴ・セラピー　社会構成主義の実践』となっている。二つのタイトルは（また邦題のタイトルとサブタイトルも）、物語論と社会構成主義の微妙な重なり具合いとずれ具合いを象徴しているようで興味深い。

もっともこのように二つの立場を対比させることに疑問を感じる人もいるだろう。それは理論上の争いというより、いわば「党派的」「政治的」争いであり、理論としては違っていても実践においては両者ともきわめて似たことをしているのではないか、と。これに対してはこう答えておきたい。もしそうであるとするなら、実践の上でも理論の上でも「物語」という概念を明確に位置づけている点で、会話的アプローチよりも脱構築的なそれのほうが、物語論としてはすぐれているということになる。逆に言えば、実践では物語論的でありながら、理論においてはそれを回避する会話的アプローチは、（社会構成主義の理論としてはともかく）物語論としては不徹底であるということだ。

(32) ペンは手紙を技法として導入しているので、身体は「手紙を書けない」という形で自己物語をつまずかせている。これに対して下河辺美知子は、精神医学の「トラウマ」という概念を参照しながら、このような自己物語の「つまずき」を「失声症」「失語症」ということばで言い表した（下河辺 [2000]）。

(33) アンダーソンらの議論にも実は「ユニークな結果」とある意味で似ている「言われていないこと（unsaid）」という考え方がある。それは、今語られている自己物語の中でまだ言われていないことを表現にもたらすことでクライエントの自己構成が変わるという議論である（Anderson [1997: 118]）。けれども「言われていないこと」は、現在の語りの外側に、可能性としてのみ存在しているものだ

（現実・対・可能性）。「ユニークな結果」は語りのさ中に現れてくる点で、それとは異なっている（構成される現実・対・構成をつまずかせる現実）。

（34） 物語の外部を実体的に考えると、それを言葉以前のなにか、あるいはこれから言葉によって型をはめられるべきなにか、構成のための素材、社会や人為以前の自然のようなものを想定することになりがちだ。言語によって構成された世界の外部には、非言語的なカオスや構成以前の未加工の素材の世界が広がっている、あるいは社会的に構成された世界の外部には自然でほんとうの世界が広がっている、というように。中河伸俊が指摘するように、構成主義的といわれる議論のうちいくつかのものはこの「自然」の想定をもちつづけている（中河［1999: 209-210］）。中河の考えでは、そのような想定は社会構成主義（構築主義）にとって端的に不必要だということになる（ここでの文脈でいえばこの考え方は会話的アプローチから引き出されるものに近い）。脱構築的アプローチから一般化される物語論もまたそのような外部の実体的存在を拒否する。けれどもそのポイントは、外部だと思われているものが実は内部にこそあるということだ。

（35） 物語療法も社会構成主義もシステム論を批判しながら展開してきたのは上で見てきた通りである。だが、この自己言及のパラドクスという概念をはじめ、自己をめぐるコミュニケーションにはらまれたパラドクスを理解するという点では、まだまだシステム論から学ぶことがあるように思われる。

（36） 会話的アプローチはここでも脱構築アプローチの前提になっている。そしてまた、脱構築的アプローチは、ここでも会話的アプローチの思考を内側から覆すような結論に到達しているのである。

（37） とりわけ子どもを相手とするセラピーの場合、この仮定法的空間の用い方が重要な鍵になる。これについては、Smith & Nylund eds.［1997］によせられた、諸論考を参照されたい。

（38） 視点の二重性についてはアンダーソンも次のような指摘をしている。

「語る『私』と社会的・対話的に構成された『私』とは再帰的な関係にある――語り手は、語りの過程で生成するのである。」(Anderson [1997: 230])

けれどもこの再帰性や生成が自己言及のパラドクスをはらんでいること、また、それを隠蔽することなしには「私」が生み出され得ないことについての認識がここには欠けているように思われる。逆にこのような自己言及の問題に注目していたという点では、むしろ(社会構成主義によって批判された)コンストラクティヴィズムと総称される理論家たちのほうに学ぶべき点が多いように思われる。例えば、ワッツラウィックの編集した論文集に寄せられた諸論考を参照されたい(Watzlawick ed. [1984])。

(39) そもそも、一九五〇年代以降システム論があれだけの支持を集めたのはなぜなのか、ということからほんとうは問わなければならないところである。ほぼ同じ時期、社会学においてもシステム理論が広範な支持を集めていた。このことについて山之内靖は、第二次世界大戦を経てアメリカ社会全体が従来の階級社会からシステム社会へ移行したことに対応してパーソンズのシステム論的社会学が登場したのではないかと指摘している(山之内 [1996: 65-66])。

では家族療法の背景にはなにがあったのか。例えばシステム論的家族療法の源流であるベイトソンが反精神医学の代表的理論家ロナルド・レインに強い影響を与えたことはよく知られている通りである。一見反体制、反主流のレインにまで巻き込んで広がっていたシステム論(的家族療法)の信憑性はいったいどのような社会的基盤によって支えられていたのだろうか。

(40) これと呼応して、他者を促して彼・彼女自身について語らせようとする人々も大量に現れる。だれもが頻繁に様々な形でインタビューされる、いわゆる「インタビュー社会」である(Holstein & Gubrium [1997: 113])。

（41）自分自身を主題化し、それを商品の消費に結び付けるというのは高度化した消費資本主義のもっともスタンダードな戦略の一つである。

第四章　社会学的自己論は物語療法に何を学ぶか

前章で見てきたように、近年の家族療法は、クライエントの自己を変化させるためにしばしば「物語」という枠組みを活用する。このような技法の背後にあるのは、「自己」の成り立ちについての次のような考え方であった。すなわち、自己とは自分自身について語る物語を通して産み出され、維持されているものであり、それゆえその物語を何らかの形で書き換えていくことによって、自己のあり方を苦痛の多いものから苦痛の少ないものへと変化させることができるであろう、と。

家族療法は――他のセラピー同様――クライエントの「自己」とコミュニケーションのあり方に変化をもたらす技法の体系であり、その理論はそれら技法の有用性・実効性と深く結びついている。その意味で、家族療法はいわば「臨床的な」知なのであり、同じように「自己」を対象とする理論であっても、社会学の場合とは自ずと異なった見方をとることになるだろう。

では、物語論的家族療法と社会学との間には「自己」に対するどのような見方の違いがあるのだろうか、そして社会学的自己論は家族療法の自己物語論から何を学び得るだろうか。本章では、まずこれまでの社会学的自己論とその難点について簡単に確認し（第1節、第2節）、それが物語療法の考え方とどのように違っているのかを見た上で（第3節）、最後に社会学的自己論が物語療法から学びうる点を検討する（第4節）。

1 社会学的自己論の二つの認識

社会学は、自己の成り立ちについてこれまで多くの研究を重ねてきた。ここでそれらのすべてを詳細に解説することはできないが、それらの研究が共通の前提としてきた二つの認識を確認しておくことはできる。その二つの認識を命題の形で表現するなら、一方は「自己とは他者との関係である」というものであり、他方は「自己とは自分自身との関係である」というものである。この二つの認識はいずれも今世紀初頭の社会学者ジョージ・ハーバート・ミードの議論の中ではじめて明確に示されたものなので、以下の説明でもミードの議論を中心におき、必要に応じてその後の理論展開に触れることにする。

(1) 自己とは他者との関係である

社会学的自己論はアメリカのプラグマティズム思想をその前史としているのだが、固有に社会学的な自己論の土台を築き、現在も参照されつづけている自己論の枠組みを構築したのはなんといってもジョージ・ハーバート・ミードであった。彼の講義をもとに編纂された主著『精神・自我・社会（Mind, Self, and Society）』（Mead, G. H. [1934＝1973]）には、右で二つの認識と呼んだものがはっきりと提示されている。

その一つ目の認識は「自己の個体性に対して社会関係の方が本源的である」というものだ。一般的な通念では、行為の主体となる個人がまずあり、次にその個人が他者との関係に入っていくと考えられている。言い換えると、あらかじめ自己意識を持った主体的個人が存在し、そのあとでそれら諸個人の間に様々な関係が取り結ばれるとふつうは信じられているのである。この通念に対して、ミードは正面から異を唱える。例えば彼はこのように言う。

> 自己（self）とは、まず存在していて、そのつぎに他者と関係をむすんでいくようなものではなく、それは社会的潮流のなかの、いわば小さな渦で、したがって社会的潮流の一部でもある。（Mead [1934＝1973: 195]）(1)

「社会的潮流」という表現は、人が生まれ落ちたその瞬間から巻き込まれざるを得ない様々な社会関係のことを指している。つまりミードは、そのような潮流、すなわち諸関係がまずあり、その後で、その中の「小さな渦」として自我・自己は生まれてくる、とここで主張しているのである。より端的に言えば、自己意識をもった個人の存在よりも社会関係やコミュニケーションの方が時間的・論理的に先にあり、したがって自己意識のある個人は、社会過程の後に、そしてその中ではじめて生まれてくると主張しているのである(Mead［1934＝1973: 199］)。これが右の通念に逆らうものであることは明らかであろう。

ミードがこのように主張したのは、自己意識を持つために人は自分自身を外側から眺める視点をとることができなくてはならないと考えたからだ。そのような視点は自己のうちに生得的に与えられているのではなく、まずは自分に向けられた他者のまなざしとして体験され、やがて徐々に自己の内部に定着していくものである。それゆえ、自分自身について意識するという体験は、決して直接的なものではなく、他者の視点を通して間接的に得られるものであるほかない。間接的に、ということは、何らかの——あるいは様々な——形をとったコミュニケーションの中ではじめて体験されるということを意味している。自己の成り立ちに先立ってコミュニケーションや社会関係(社会過程)があると彼が主張するのは、それゆえのことである。

このような議論によってミードが企てていたのは、「自己はそれ自体で完結した実体である」という見方（通念）から「自己は最終的には社会関係やコミュニケーションに還元できる」という見方への転換であった。例えば彼はこうも言っている。

自己とは誕生したとたんにすでにあるものではなく、社会的経験や活動の過程で生じるもの、すなわちその過程の全体およびその過程に含まれている他の個人たちとの関係形成の結果としてある個人のなかで発達するものなのである。（Mead［1934＝1973: 146］）

社会的経験や活動、他の個人たちとの関係形成、そういったものの方が自己の「発達」よりも原初的であり、自己の完結性や実体性はそこへ遡り、還元されていく。この見方からすると、自己というのはつきつめて言えば他者との関係でありコミュニケーションなのである。彼がもたらしたこの認識は、今日にいたるまでなお社会学的自己論の基本をなすものとなっている。

このような考え方はミード以後の社会学的な自己論のなかでも広く受け入れられてきた。例えば、人々の相互行為を演劇論的な観点から捉えようとするアーヴィング・ゴフマンの議論は、そうした流れの代表である。(2)

ゴフマンは、ミードが社会関係と呼んだものを、人々がその都度の状況に応じた役割を演技し合う過程であると考えた。人は様々な「状況の定義」の中で、その定義によって与えられた役割を円滑にこなしながら、それを通して、状況の秩序と自己アイデンティティを産み出す。例えば「大学でのゼミ」という「状況の定義」は、それにふさわしい「学生」や「教員」という役割を互いに協力して演じ合うことによってはじめて成り立つのであるし、そのようにしてはじめて参加者はそれぞれ学生として、また教員としてのアイデンティティを手に入れることになるのである。あるいはまた、ファストフードのカウンターで、店員が「店員」という役割を、客が「客」という役割を協力し合って演じ合うことで、「ファストフード」という状況の定義は支えられ、一定の秩序が産み出される。

それではそのような「状況の定義」を離れてしまえば、役割から自由な、その意味で「純粋な」自己が現れてくるのだろうか。言い換えると、そういう役割を演じている「自己」、演技者でありながらそれ自体は役割に尽くされないような「自己」が役割の背後にひかえているのだろうか。右の例でいえば、「教員」や「学生」、あるいは「店員」や「客」は、その状況を離れた（例えば家に帰った）としたら、そこでは役割を脱ぎ捨てたほんとうの自分になるのだろうか。

ゴフマンは、この問に対して明確に「否」と答える。なぜなら、例えば家族といるときには、「家族」という状況の定義を支えるための役割が各人に割り振られるのであり、その役割を皆が協力して演じ合うことで、相互行為の秩序と各人の自己アイデンティティが産み出され維持されていると考えるからだ。彼のこのような考え方がもっともはっきりと表れているのは、「役割距離 role distance」という概念である。これは自分が現に演じている役割に対して、あえて軽蔑的な距離をとってみせるようなパフォーマンスを指す。例えば、メリーゴーランドに乗っている少年が、「こんなこと、簡単すぎてつまらないよ」とでもいうかのようにわざと不真面目な乗り方をしてみせるとき、あるいは手術中の外科医がさも簡単な手術に退屈しているとでもいうようにジョークを飛ばしてみせるとき、それらのパフォーマンスによって表明されているのが「役割距離」である。これによって人は、自分が単にその役割を演じるだけの存在ではない（あるいはそれ以上のものであるということをまわりの人々に示そうとする。それはいわば「自分らしさ」や「ほんとうの自分」といったものを表現する手段となっているのである。

けれども、とゴフマンはいう。そこで表現された「自分らしさ」や「ほんとうの自分」というものは、二重の意味で役割に結び付けられている。すなわち、第一に、それらの距離が示されるためには、そもそもの前提として彼がその役割を大枠としては受け入れていなくてはならない。つまり、この距離はもともとの役割を無化するのではなく、むしろその重要性を逆説的に示すものなのである（距離をとりながらにせよやはり遂行すべき役割であることをみとめているのだから）。第二に、役割距離が有効であるためには、それらもまた周囲の他者に向けて呈示されなくてはならず、その限りにおいて役割距離それ自体もまた一種の役割演技であるほかない。つまり、「自分らしさ」や「ほんとうの自分」もまた他者に向けて特定の演技を行うことによってのみ産み出され、維持されるような自己アイデンティティの一つであり、それ自体がもうひとつの役割なのである（距離をとって「みせる」ということ自体が役割演技なのである）。

相互行為を役割演技の過程と見なしたゴフマンの議論に対して、その人間観があまりに戦略的すぎるのではないかという批判がしばしば向けられてきた。それらの批判はこう主張する。人間はそのように打算的・戦略的な側面ばかりをもっているわけではない。社会学的分析は公的場面で人々が行う役割演技に向けられているようだが、私的な場面にはそのような分析のおよばないより人間的な、より温かみのある、より自分らしい、側面がみられるではないか、と。このような見方に対して、ゴフマンは次のような容赦ない言葉によって冷水を浴びせかけた。

役割距離の概念は、世界の一部を社会学から安全にしておこうとする、このようないじらしい傾向と争うための助けとなる。というのも、ある個人が自分は『いいヤツ』だ、あるいは逆に並外れたワルだと見せようとするものであるとしても、それは、役割距離を用いたり用いなかったりしてなされることだからである。まさにここ、役割距離の表明にこそ、その人の個人的スタイルを見て取ることができるのである。（Goffman, E.

[1961＝1985: 171])

こうしてゴフマンの議論は、「自己」や「アイデンティティ」を役割演技の過程に解消した。自己もアイデンティティもそれ自体として存在する実体ではなく、互いに役割を演じ合うという相互作用のなかで産み出され、維持されているものであると、ゴフマンは考えたのである。(3) これが右で見たミードの発想を引き継いだものであることは容易に理解できるであろう。

(2) 自己とは自分自身への関係である

社会学的自己論が前提としてきたもう一つの基本認識は、「自己とは自分自身への関係である」というものだ。この認識についてもやはりミードの議論が原型を提供しているので、まずはそれを見てみよう。

右で見たように、ミードの考えでは、自己とは人々の様々な関わり合いの中から産み出され、維持され、またときに変容していくのであるが、それと同時に自分自身に対しても様々な関わり合いをもつ。例えば、自分自身を観察して行動をコントロールし、自分自身に問いかけてそれに答え、自分自身についての理想を持ち、それによって自分を評価し、ときには自分を変えたいと願い、ときにはほんとうの自分を探し求めようとする、等々、様々な形で「自己」は自分自身を対象とし、それに働き掛ける。ミードはこの点について次のように言っている。

わたしが明白にしたいのは、それ自身にとって対象だという自己の特徴である。この特徴は、『自己』[self] という言葉のなかにあらわれている。自己は再帰代名詞で、主語 [subject] にも目的語 [object] にもなれることをしめしている。この種の対象は、他の対象と本質的にちがう。(Mead [1934=1973: 147])

つまりミードは、自分自身を対象にしそれに働き掛けていくという点が「自己」の重要な特徴であり、この特徴によってこそ「自我をその他の対象や身体から区別できる」(Mead [1934=1973: 147]) と考えているのである。ここで「他の対象や身体から区別できる」と表現しているのは、その点こそが「自己」の「自己」たる最も固有の特徴であるということを意味している。したがって彼にとって自己とは、他者との関係(対他関係)であるばかりではなく、同じくらい本質的に、自分自身との関係(対自関係)でもあるわけだ。

ミードが自己を「主我(I)」と「客我(me)」という二つの側面に分けて考えたのも、このような見方を前提にしてのことであった。「客我」とは、人(自己)が自分に対する周囲の人々の反応や態度を学び取り、それを自分自身の内側に一つの視点としてまとめあげたものである。それは自分の行為を内側から見つめ、評価するものであり、いわば「内なる他者」とでもいうべき役割を果たす。それに対して「主我」とは、そのような客我を前提にして、あるいはときにそれに対抗して反応するもの、すなわち行為の担い手である。したがって両者は相互に他を前提としていることになる。というのも、一方で、客我とは主我の行為に対する他者の反応が取り込まれたものであり、他方で主我の行為とは客我の視点に対してなされるものであるからだ。自己がこの二つの側面を持つということは、自己が主我と客我との間の相互作用あるいは対話という形をとって成り立っているということを意味しているだろう。「自己とは自分自身への関係である」というときの「自分自身への関係」とは、そのような相互作用や対話を指すものである。

ところでミードはこのような自己内対話の過程に人間の創造的あるいは革新的な力の源泉を見ていた。例えば、彼は主我と客我の違いについて論じながら次のように言っている。

組織化された態度のセットにふくまれている社会状況へのこのような新しい応答が、「me」に対応するようなものとしての「I」を構成する。……ふくまれている態度は集団から集められたものだが、そういう態度を組織化してもっている個人は、おそらくかつては一度もおこらなかったような表現をそれらの態度にあたえていくことができるはずである（Mead［1934＝1973: 211］）。

ここで言われているのは、客我が周囲の他者たちから学び取られたものであるのに対して、主我の応答にはこれまでとはまったく違った新しいものが含まれ得るということだ。この新しいもの、はじめて現れてくるもののことをミードは「創発（emergence）」と呼んでいる。彼の考えでは、いまある社会の規範や常識を越えて何かを生み出そうとするとき、あるいは今の社会を変えていこうとするとき、この主我の創発性が主導的な役割を演じることになる。すなわち、主我はルーティン（決まりきった繰り返し）からイノベーション（変革）へと人を飛躍させる原動力となるのである。

自己が自己自身への関係であるというこの認識は、それが創造性や革新性の源であるという認識とともに、社会学的自己論の中で今日まで広く受け入れられてきた。例えば船津衛は、ミードの主我について議論しながら、その最も重要な働きを「創発的内省性」に、すなわちそれが自己や社会に変革をもたらすという点に求めた（船津［1983: 94］）。その際に船津はこの創発性の由来を次のように説明している。

そして、この創発性は、人間が一方に社会的存在であるとともに、他方に自己内省的（self reflexive）存在であるという特質から生まれる。（船津［1983: 94］）

内省的（reflexive）であるとは自分自身に再帰する、自分自身へと関わっていくということであるから、船津のこの言葉は、自己が社会関係（対他関係）であると同時に自分自身に対する関係（対自関係）であることを強調したものと受け止めることができるだろう。船津の考えでは、このような対自関係あるいは内省活動によってはじめて創発性が生じてくるのである。

以上、社会学的自己論がこれまでその基本前提として長い間受け入れてきた二つの認識を見てきた。両者を対比する形で言えば、第一の認識が、実体を関係に還元するという思潮の中で、近代的な「主体」概念を解体するために――例えばフーコーなどにも言及しつつ[4]――強調されてきたのに対して、第二の認識は「主体」概念になにがしかの積極的意味（能動性、創造性、革新性、等々）を認めようとする立場から強調されてきたものであると言えるだろう。そして、理論的方向性としてはそのような違いを含みつつも、この二つは社会学的自己論の中でともに最も基本的な前提として共有されてきたのである。

2　関係論的アプローチの困難

上で見てきた二つの認識は、しかしながら、現実の中である困難に出会うことになる。

現実の中で、という言い方をしたのは、その困難が理論のあり方から直接的に引き出されるというよりも、むしろある実践的な課題に関わって浮かび上がってくるような種類のものだからだ。その実践的な課題とは、一言で言えば「自分を変える」ということだ。「自己」がその生涯を通じて様々に変化するということは経験的によく知られている。数年ぶりに会った友人が別人のように性格が変わっていたとか、宗教的回心に代表されるように人生の大きな転機を迎えてそれまでの自分とは異なった人間になったとか、あの人との出会いが自分を大きく変えたとか、そういった経験は日常的に見聞されるものであろう。けれどもその変化がどのように起こるのかということについて考え始めたとき、さらには自分を能動的に変えていこうと望み始めたときに、人は独特の困難に直面することになる。

この困難は今日の社会ではますます多くの人に感じ取られるようになってきている。例えば、エステによる変身からカウンセリング心理学まで、ある種の宗教からネットワークビジネスまで、あるいは自己啓発セミナーから癒しの音楽まで、今日多くの人々が自分を変えたいと願い、そのための商品が大量に出回っている。このような状況は「自分を変える」ことへと人々を誘惑し、その結果として、変える（あるいは変わる）ことの難しさをますます多くの人々の目に明らかにしていくように思われる。(5)

そしてこの困難こそが右で見た二つの認識にとっての困難を、ひいては自己への関係論的アプローチが抱え込んでいる困難を明らかにする手がかりなのである。以下、その困難を右の二つの認識に対応する順序で具体的にみていこう。

(1) 対他関係を変えることの困難

自己とは他者との関係である、という第一の認識を前提にしてそこから素直に推論していけば、対他関係を変えることによって自己を変えることができる、ということになりそうだ。けれども自分を変えようと望み、そのために自分の周囲の関係をも変えようと試みたことのある人ならば、それがいかに困難なことであるのかにすぐに気づかされたであろう。

そもそも関係には複数の参加者がおり、それらの人々はそれぞれのイメージをもって関係に関わってくる。その中で関係を変えるためには、そのような他者の関わり方をも変えていかなければならないが、これは大きな困難をともなうだろう。というのも、他者からみれば、それは、いままでほとんど無意識に繰り返してきたパタンを修正しなければならないということであり、よほどのメリットがない限り協力を得るのは難しい（逆にメリットがあれば協力を得られるということでもある。家族療法にやってくるクライエント家族のように）。

それでは、一歩退いて、今ある関係を変えるのではなく、そこから離脱し、新しい関係をあらためてつくっていくという方向はどうだろう。例えば、いつも同じパタンで喧嘩してばかりの恋人との関係に行き詰まりを感じて別れを考える人、今の家族の関係が窮屈で家を出ようと思っている人、高校や大学への進学をきっかけに友人関係を一新できると期待している人、等々。素朴に考えてみると、このように今ある関係から出ていってしまうことが関係を変える最も早道であるようにも思われる。

ところが実際にしばしば起こるのは、古い関係から抜け出して別の新しい関係を始めても、それが次第に以前の関係とよく似たパタンに変わっていってしまうということだ（もちろん中にはこれでうまく関係を変え、自分を変えることのできる人も存在するのかもしれないが）。例えば、古い恋人と別れて新しい恋人とつきあい始めたのに、なぜか以前と同じパタンで行き詰まってしまう。家族を飛び出して、自分自身の家族をつくったはずなのに、なぜか以前の家族とよく似た関係になってしまう。新しい友人関係を作ろうとしたはずなのに、友人たちの間での自分の位置（「いじめられっ子」、「道化」、「世話係」等々）は以前と同じになってしまう。関係を変えたのに、なぜか同じパタンが繰り返され、自分は少しも変わっていない、ここで起こっているのはそういうことだ。そういった事例を頻繁に見ると関係を変えても自己は変わらないのではないかという疑念がわいてくる。

これに対してミードの理論になじんだ人ならばこう答えたくなるだろう。社会学的自己論が「関係」と呼んでいるのは、具体的な誰彼との関係というよりは、もう少し抽象的な関係のパタンなのだ。だから、具体的な相手を変えても、そのパタンが継続しているとするならば、それは関係を変えたことにはならず、したがって自己も変わらぬままなのは当然である、と。

ではこのパタンとはどこに保存されているのだろうか。もし具体的な相手が変わってもパタンが変わらないのだとすると、パタンが保存されているのは、そのような変更と関わりなく存在しているもののうちにおいてであるということになるだろう。言い換えると、ある人との関係から別の人との関係へと移動したときに、その移動を貫いて変わらないものの内に、である。その場所をあえて名指すとしたら「自分自身の内側」とでも言うほかないだろう。すなわち、いく人もの他者たちと次々に同じようなパタンで関係を結んでいるまさにその自分自身の内側にそういうパタンが保存されているのである。あるいは、少なくとも本人の意識にはそのように（問題は自分の内側にあると）感じられるであろう。誰とつきあっても同じようなパタンに陥って行き詰まってしまうのは自分が悪いせいだ、どこにいってもいじめられっ子になってしまうのは自分に何かが欠けているせいだ、等々、要するに、悪いのは自分だ、問題は自分の内側にあるのだ、とそんなふうに感じられることになる。

森真一は、今日大量に消費されている様々な自己啓発マニュアルを検討して、それらがみな「社会」（関係）ではなく「自分」を変えるように推奨していると指摘している（森[2000]）。すなわち、雇用をはじめとする社会の流動化に対応して、状況がどのように変化してもうまくそれに適応できるように自分をたえず変えていくこと、そのために自己コントロールを強めていくこと、そういったことをこれらのマニュアルは指導しているのだという。このような教えがリアリティをもって受け止められているとすれば、それは、関係を変えようと努力すればするほど、かえって自己の内側にある変わりにくいパタンを強く意識させられることになるという一種の生活実感を背景にしているように思われる。

ともあれ、第一の認識にしたがえば、「自己」を変えるためには「関係」を変えなければならないのだが、実際に「関係」を変えようとするとその前にまずは「自己」が変わらなければならないことになる。こうして人は、自己を変えるためには関係を変えなければならないが、関係を変えるためには自己を変えなければならない、という奇妙な循環に陥ってしまうのである。

(2) 対自関係を変えることの困難

右の説明で、「自己の内側のパタン」という言い方をしたが、このパタンとはつきつめていえば自分が自分自身をどのように見ているかというそのパタンを意味している。この点を最初に説明しておこう。

人は他人との関係にはいるときにつねに自分自身について何らかのイメージを抱いており、そのイメージをもとに他人とのかかわり合いをコントロールしていく。したがって、他者との関係がどのようなものになるのかは、その人の自己イメージがどのようなものであるのかによって大きく左右されることになる。例えば自分を虐待した親の視点を知らず知らずのうちに取り込んでしまった子どもは、その親の視点から自分自身を眺めることになる。そうするとこの子どもは、自分は虐待されてもしかたないような価値のない人間なのだという自己イメージをもつようになり、他人との関係でもそのような自己イメージを前提にして振る舞うことになるだろう。その結果、この子どもは自らの周囲に虐待的な関係をくりかえし呼び寄せてしまいがちになる、云々。(6)「自己の内側のパタン」という表現を用いるときに考えられているのは、このような自己イメージ（自分自身をどのように見ているか）のことであろう。

したがってこのパタン（自己イメージ）を変えるということは、自分自身との関係を変えるということであり、これは、前節で見た第二の認識に対応する処方せんであるといってよいだろう。なぜなら、第二の認識にしたがえば「自己とは自分自身との関係」なのであって、自分自身との関係を変えることはすなわち自己を変えることでもあるからだ。

そして、対自関係を重視する人々にとっては、ここでこそ「主我」の創造的力が発揮されるはずであるということにもなる。例えば、「自己を変える」ということについて船津衛は次のようにいっている。

このような「主我」は他の人間の目を通じて自分の内側を振り返り、そこから新しいものを生み出すリフレクション（「創発性」）を表わしている。そして、このリフレクションによって、自我が新しく生まれ変わり、同時に、他の人間も変わり、集団、社会も変わるようになる。（船津［1998: 26］）

船津は、同じことを別の論文ではもう少し順序立てて次のように表現しているのでこちらも一緒に引用しておこう。

そして、この「創発的内省性」の出現によって、自分が新しく生まれ変わる。それと同時に、新しい自我の働きかけを通して、他の人間も変わるようになる。（船津［1995: 55］）

つまり、主我の創発的内省が起こり、それによって自分が新しく生まれ変わる、そしてその新しい自我の働き掛けによって他の人間も変わり、ひいては集団や社会が変わっていく、とそのように船津は考えているようだ（主我の創発的内省性→新しい自我→新しい他人→新しい社会）。

このような処方せんも、しかし、現実のなかで大きな困難に出会うことになる。

そもそも内省が自分や社会を変えるような強い力をもっていると考えるのであれば、それは船津たちが批判すべき議論としてしばしば引き合いに出す「デカルト的」自我論に限りなく近づいてしまうのではないだろうか。もしそうなると、「自己」を「関係」に還元したことの意義がどこにあるのか、はっきりしなくなるように思われる。

そのような理論上・学説上の批判はわきにおくとしても、実際、「主我」が「自己」を変えるというのは奇妙なことではないだろうか。自己を変えるというときの「自己」とは、第二の認識によれば「自分自身との関係（対自関係）」を指しているのであった。他方、「主我」とは「客我」に対する反応であるとされていたのだから、それは、「主我―客我」という「自分自身との関係（対自関係）」の中でのみ現れてくるはずのものである。とすると主我は、自分が変えようとしている当の対象（自己＝〈主我―客我〉関係）を自らの前提にしているということになる。

一般的にいえば、人がなにかを変えようとするときには、その間自分自身が立っているための足場を必要とする。人の働き掛けによって対象が変わっていっても、その人の立っている足場の方は相対的に安定していなければならない。それが、「変える」という働き掛けを続けるための条件であるからだ。これに対して「主我が対自関係を変える」という状況は、そのような足場がないということを意味している。なぜならここで主我が変えようとしているのは、まさにその主我を生み出したもの、つまり主我にとって足場となるはずのものだからである。ここで主我は、ちょうどミュンヒハウゼン男爵がそうしたように、自分で自分の襟首をつかんで沼の外に放り出すことを求められているのである。これはたいへんに奇妙な事態ではないだろうか。

この奇妙さを劇的な形で表わしているのが、アルコホリックにしばしばみられる飲酒のエスカレート現象である。[7] 社会学者野口裕二は、これを次のように説明している（野口[1996: 18–29]）。まず、アルコホリックの人々は周りの人から「意志が弱いからアルコホリックになってしまったのだ」とみられ、しばしば自分自身でもそのように思っている。だから自分自身の意志を強くして、アルコールの誘惑に負けないように自分自身をコントロールしようと努力する。ところで、この努力の成果を確認するためには実際に自分自身をアルコールの誘惑にさらして、それに耐えられるかどうかテストするほかないだろう。例えば、お酒の自動販売機の前まで出かけていってそれを買わずに済ませることで意志の強さをテストする、というように。けれども、このテストは一度パスしても終りにはならない。今度は、実際にお酒を買ってきて目の前においてみてそれでも手を出さないということで意志の強さをテストする。やがて、それでも満足できなくなり、お酒を一杯だけ飲んで、それ以上は飲まないということで意志の強さをテストする、等々、結局最後には酔いつぶれるまで飲んでしまうことになるのである。

ここでアルコホリックの「主我」はまさに船津が言うように「他の人間の目を通じて自分の内側を振り返り」、そのような「リフレクション（『創発性』）」によって、「意志が弱い」自分を変えて新しく生まれ変わろうとしている。「意志が弱い」という言い方は、「自分自身へのコントロールがうまくいっていない」ということを意味しているのであろうから、それを変えるということはつまり「自分自身への関係（対自関係）」を変えることである。けれどもその努力は、結局以前と同じことの繰り返しに終わってしまう。この失敗を理解する上で鍵になるのは、なぜアルコホリックが一度のテストで満足できないのか、という問題だ。何度テストをパスしても彼・彼女は自分の意志の強さに自信がもてないのであるが、それはいったいなぜなのだろうか。

それは、一言で言えば、変えようとしている自分（主我）が、変えられるべき自分（意志の弱い自分）を前提としているからである。自分を変えるための足場や自分が変わったのかどうかを確認するための外的な視点を彼・彼女はもつことができない。あるいは自分が立っている足下を掘り崩すことができないように、最終的には主我が自らの力で対自関係を変えることはできない。そもそも対自関係を変えようとしているこの自分こそが、その対自関係によって生み出され、それの上に立って働いているものなのだから、変わろうとしているこの自分がいるかぎり、古い対自関係がゼロになることはありえないのである。

だからアルコホリックは何度でも繰り返しテストを自らに課すことを余儀なくされる。

結局、二つの認識のどちらから出発しても「自分を変える」という課題について説得的な処方せんを示すことはできないように思われる。それでは同じ課題を物語療法の立場から眺めるとどうなるだろうか。

3　物語療法の視点

まずは前章でみてきた物語療法の概要を簡単に復習しておこう。ただしここでは前章で紹介した二つの物語論的アプローチのうち脱構築的なそれの方に重点をおく。

物語療法の前提は、第一に、人が生きていくためには必ず自らの経験を何らかの形で物語化しないわけにはいかないということ、第二に、しかし物語るということは生きられた経験のうち特定の側面を選び出すことであるから、必ず語り尽くせない残余の経験が残ってしまうということ、そして第三に、その残余の経験は、クライエントの物語の外部にとどまるのではなく、ときにその物語の中に一種の亀裂（「ユニークな結果」）として姿を現わすということである。

クライエントがセラピストのもとを訪れるときに抱えている苦痛は、その時点で彼・彼女が自分についてもっている物語とこの残余の経験との間に深刻な「ずれ」が生じていることから引き起こされるとされる。ホワイトとエプストンは、このようにクライエントの経験を――苦痛をもたらしつつ――枠づけている物語を「ドミナントストーリー」と呼ぶ。

そして「これらのストーリーがある程度以上に優勢になると、その人の好みのストーリーを上演するための十分なスペースが与えられなくなる」と考える（White & Epston［1990＝1992: 33］)。したがってセラピストの役割とは、クライエントのいまだ語られていない残余の経験に光を当てることによって、異なる物語（オールタナティヴストーリー）を語り得るように援助していくことにある。すなわち、

もし、上述の仮定を適切であると考えるなら、人々が治療を求めてやってきたときの容認しうる結果とは、オルタナティブ（代わりの）・ストーリーの同定と誕生ということになるだろう。これこそ、人々が新しい意味を上演することを可能にし、望ましい可能性、すなわち、人々がもっと役に立ち、満足のいく、幅広い解釈を許すものと経験するであろう新しい意味をもたらすことを可能にするのである。（White & Epston［1990＝1992: 34］)

このとき「ドミナント・ストーリーの外側に汲み残された生きられた経験」は、ときおり物語の中に目立たない形で、しかしドミナントストーリーには収まりきらないようなエピソードとして現れてくる。ちょうど自己物語を覆うドミナントストーリーに小さな疵やひびがはいるように、ときどきそのようなエピソードが顔をのぞかせるのである。このよ

うなエピソードは「ユニークな結果」と呼ばれ、「オルタナティブ・ストーリーの創生と再創生にとって豊かで肥沃な材料を提供することになる」(White & Epston [1990=1992: 35])。セラピストの役目は、このようなユニークな結果を利用してクライエントの自己物語をドミナントストーリーから解放し、新しい物語へと書き換えていくことである。

自己物語が書き換えられていく過程については多くの理論家・臨床家が様々なことを書いているが、ここでは最も簡潔に整理されていると思われるスルズキーの説明を、それらの最大公約数のようなものとして、紹介しておこう(Sluzki, C. E. [1992])。スルズキーによれば、物語療法はおおむね次の五つの段階を踏んで展開していくという[8]。

i　出会いを枠づける：クライエントとの最初の出会いをどのように枠づけるかによって、後の展開が大きく左右される。

ii　ドミナントストーリーを引き出し、再演する：家族成員に、それぞれの視点から、現在の問題について語ってもらう。

iii　オールタナティヴストーリーを引き出す：そのためにしばしば用いられるのは次のような技法だ。

a　同じ出来事について複数の成員から話を引き出し、ドミナントストーリーに対する例外に注目させる。

b　ドミナントストーリーとは異なる見方を提示することによって古い物語を揺るがす。
iv　新しい物語に様々なやりかたで支持を与える。
v　新しい物語をしっかりと根付かせる：セッション終了の儀礼や特定の課題を与えるなどの技法が用いられる。(9)

ここで注意してほしいのは、新しい物語（オールタナティヴストーリー）がセラピストによって外側から与えられるのではない、ということだ。新しい物語は、クライエントが古い物語（ドミナントストーリー）を語っている間に、その古い物語の内側から現れてくるのでなければならない。すなわち、「新しいストーリー（あるいはストーリー間の関係）がセラピー的会話の中で確固たるものとなるためには、それは古い『なじみの』物語から発展し、その要素をなお含んでいなくてはならない」のである（Sluzki［1992: 220］）。こうして、セラピストとの会話を通して古い物語が内側からひびを入れられ、裂目を広げられて、次第に解体されていくと同時に、新しい物語が徐々に姿を現してくることになる。

具体的な事例として、イーロンが報告しているヘレンという女性のケースを見てみよう（Eron, J. B. & Lund, Th. W.［1996: 206］）。

ヘレンは来訪当時三八歳、思春期の頃から長い間慢性的なじんましんに悩まされており、他の医師からの紹介でイーロンを訪れた。彼女は、大学で修士号を取得したあと、ある病院の管理職に就いていた。以前に七年間ほど結婚していたがすでに離婚しており、面接当時は、新しい恋人と結婚直前の状態にあった。

イーロンは、以上のことを確認した上で、「あなたのように能力のある、自立心にとんだ女性がなにゆえにそのような病に苦しんでいるのですか?」という問を投げかけた。このような問いかけをイーロンは「ミステリー風の質問 mystery question」と呼んでおり、これから始まる会話をちょうどミステリー小説のような謎解きの物語へと枠づける技法として用いている。ヘレンはこれについて、イーロンと会話をするうちに、彼女の病にとってのある「例外」を思い出す。前の夫と別れ、大学に戻る決心をした直後の二週間ほどの間、じんましんはおさまっていたのである。

だがこのせっかくの平和な期間は、弟の病気によって破られることになる。ヘレンの弟はエイズで病の床についており、余命はそれほど長くはないだろうと診断されていた。家族内の様々な事情から、ヘレンが弟の世話をするしかなかったのだが、世話を始めるとともに激しいじんましんがもどってきた。病状が悪化するにつれ、弟の世話をしなくてはという責任感が自分の中で強まっていった、と彼女は語った。

このエピソードを聞いてイーロンは、ヘレンの他人に対する責任感へと会話のテーマを移した。彼女は、自分の人生を振り返り、家族に対しての責任感に引き止められてやりたいことができないできた、と語り始める。語るうちに、はじめてひどいじんましんが出たときのことが思い出される。そのような出来事を思い出し、それは彼女が一四歳のときの出来事であった。彼女は、その日好きになった男の子とデートに出かけようとしたのを親から激しく反対され、はじめて親に反抗したのだが、結局家から出してもらえなかった。その直後に激しいじんましんに見舞われたのである。

それと並行して、イーロンが注意を向けたのが彼女の母親の話だ。実は母親もヘレンと同じような症状に悩まされていたのだが、ヘレンはこの母親を「つねに他人の世話をしている人」、「自分自身の人生を犠牲にし続けた人」として語った。その語りの中でヘレンは、彼女の他人に対する責任感が、彼女の人生を母親の人生とそっくりにしていることに気づく。

この気づきを転機として、二人の会話は新しい方向へ向かいはじめた。これまでのような責任感にしばられて自分の人生を生きられない「私」という物語、いわば「母のような人生」によって体現される物語は明確に退けられ、自分の人生を生きながらしかも家族とのつながりもしっかりと維持されているようなそういう「私」をヘレンは語り始めるのである。同時にこのような自分のあり方について弟や恋人と話し合いをくり返し、やがて症状は消失していった。

この事例をスルズキーの図式を参照しながら整理してみよう。

まずセラピーの会話を、クライエントとセラピストが協力しあって「ミステリー」を探求する試みであると枠づけた（枠づけ）。ついでヘレンの問題について彼女自身の視点から語ってもらい（ドミナントストーリーの再演）、その中から例外となる出来事（離婚直後の症状緩和）を発見する。その例外に焦点を合わせながら古い物語（「責任感のある娘」という物語）を相対化し、それと同時に変化の芽（「母親の人生をくり返してもよいのか?」）を古い物語の中から引き出してくる（例外への注目）。この変化の芽を新しい物語（自分の人生を生きつつしかも家族とつながっている「私」という物語）にまで育てあげ、それを弟や恋人との会話を通して定着させていく（新しい物語への支持と根付き）、という順序でセラピーは進められている。

ここで注意しておいてほしいのは、物語療法が、かつてのシステム論のように関係やシステムそれ自体を直接のターゲットとはしていないということだ。変化のための介入はもっぱらクライエントの自己物語に向けられているのであり、そのために用いられる技法も物語をどう変化させていくかということに重きをおいたものとなる。システム論的なアプローチがクライエントを取り巻く「関係」や「システム」を変化させようとするものだとすると、物語療法は、むしろクライエントとセラピストの関係（会話）を用いて、クライ

エントの自己物語を書き換えていこうとするものなのである。(10)

こうしてヘレンの自己物語はセラピーを通して語り直されたのであるが、このとき前節でみた二つの難題はどのように対処されているのだろうか。二つのそれぞれに対応する形で考えてみよう。

(1)「関係を変えても自己は変わらない」という問題について

一つめの問題は、ヘレンの場合にも見てとることができる。

右で紹介したように、ヘレンは来訪以前に七年間結婚していたことがある。相手の男性は、とても裕福で、ぜいたくであると同時に洗練された趣味の持ち主でもあった。彼女は彼とのデートによってこれまでに知らなかった世界を教えられ、彼にすっかり魅了されてしまう。だが結婚してみると次第に彼との関係は苦痛に感じられるようになっていった。彼女は彼のためにそれまでの仕事もやめなくてはならなかったので、経済的に彼にすっかり依存することになってしまったし、それればかりか、彼女が何を言い何をするかについていちいち彼は管理しようとし始めた。そのため彼女の生活は、彼のために一日中家にいて、彼が何を望んでいるのかをいつでも最優先に考えるようなものになってしまった。やがて彼女は、「自分の声をおし殺し、自分がどんな人間でありたいのかを見失う」ような生活に耐えきれなくなり、離婚を決意するのである。

注意してほしいのは、ヘレンが自分とまったく異なる背景をもった男とつきあい、結婚したはずなのに、やがてその関係は彼女の家族内の関係と同様に自分を犠牲にして他人の世話をするものとなってしまい、そのために離婚にいたったということだ。ここでは家族から夫へと関係の相手を変えることは、彼女の自己を変えることにはならなかったのである。

これに対してイーロンは、ヘレンの家族関係や家族内コミュニケーションに直接介入しようとするのではなく、もっぱら彼女の語りに耳を傾け、その中に変化の兆しを探し求めた[11]。またその「変化」も、直接的には、彼女が取り結ぶ人間関係の変化ではなく、彼女が語る自己物語の変化を指している。「じんましんが出なかった時期がある」というエピソードは彼女の物語にとって一つの例外であり、イーロンはそこに物語が変化していく兆しを見て取った。たしかに彼女と家族との関係も変わっていくのではあるが、その変化はあくまでも彼女の自己物語が書き換えられていくにつれて進んでいくものなのである。

整理すると、一つめの難題が「関係の変化→自己の変化」という流れのなかに現れてきたのに対して、物語療法はそもそも「物語の変化→［自己の変化／関係の変化］」というように進んでいくということになる。ここで注意しておきたいのは、物語療法が関係に直接には介入しないとしても、だからといって関係が変わらなくてもいいということではない、ということだ。関係が変わることはやはり重要であり、実際最終的には変わることにもなるのだが、ただ関係が変わるためにはまずは自己物語が書き換えられなければならないのである。

(2)「主我は自己を変えるための足場をもたない」という問題について

二つ目の、「主我は自己を変えるための足場をもたない」という問題についてはどうだろうか。

ヘレンは、別の医師からの紹介でイーロンのところにやってきたのであった。このことは、彼女が彼女なりに自分自身を変えようとしていたということを示しているだろう。前節で紹介したアルコホリックは、「意志の弱い」自分を変えようと努力するのだが、その努力がかえって彼・彼女をアルコールへと近づけていった。それに対してヘレンが自己物語を書き換えようとするときに、なぜアルコホリックの場合のような悪循環が起らなかったのだろうか。アルコホリックの努力がかえって逆の結果をもたらすのは、彼・彼女たちが自分自身を変えるためのしっかりとした足場をもたなかったからだと前節では説明した。では、ヘレンはそのような足場をもっていたのだろうか。またもっていたとするならばそれはどのようなものなのだろうか。[12]

簡単にいってしまえば、ヘレンの場合、その足場はセラピスト（イーロン）によって提供されていた。イーロンは、ヘレンが自分の人生を物語るのを聞き、そこに例外を見いだした。言い換えると、彼は、ヘレンの物語が必ずしも一貫していないこと、また完全に閉じてしまっているわけではないことを発見したのであった。そのように物語を聞き届け、受け入れながら、それと同時に、その中に例外・非一貫性・開放性を見いだす他者（セラピスト）の視点が、ヘレンにとって自己物語を書き換える際の足場になっていたのである。

思い返してみれば、船津もまた「『主我』は他の人間の目を通じて自分の内側を振り返り」、それによって新しいものを生み出すのだと論じていた。しかしその他人が自分の思い込み（例えば「意志が弱い」といったような）を単に映し出すだけの、いわば鏡のような存在になってしまっては、しっかりした足場にはならない。大切なことは、その「他人」が、一方では自己物語をしっかりと聞き届け、受け止めること、そして他方ではその物語の中にひびや裂目を見いだすこと、すなわち物語を全面的に否定するのではなく、また物語を全面的に受け入れるのでもないような他者の視点であるということだ。本節の最初で紹介したスルズキーの言葉にあったように⒀、新しい物語は古い物語を否定するのではなく、その内部から生まれてくるものなのだから。

整理すると、二つ目の難題が「主我のリフレクション→イノベーション」という流れの中に現れてくるのに対して、物語療法は「セラピストへの語り→リフレクションの変容」という方向を取っているわけである。

物語療法とのこのような対置から、社会学的自己論はなにを学び、どのように書き換えられることになるのだろうか。

4 ―― 社会学的自己論を書き換える

第2節でみておいたように、社会学的自己論は「自分を変える」という課題を前にしたときに難題に突き当たったのであった。それに対して物語療法は、まさにその課題に取り組み、それに答えようと努力する中から上で見たような治療技法を育て上げてきた。社会学的自己論と物語療法との間に何らかの違いがあるとすれば、それは、このように実践的な関心を持っているかいないかという点にあるだろう。すなわち社会学的自己論の二つの認識は必ずしも自己を変えようという努力とは結び付いていないが、家族療法の理論はよりよくセラピーを進めようとする（クライエントの自己をよりよい方向へ変えようとする）努力と結び付いており、その結果として物語療法が生み出され、広範な支持を集めることになったのである。(14) もしこの実践的関心が社会学にとって些末な、取るに足りないものであるのなら、物語療法からはあまり多くを学ぶことは期待できないかもしれない。けれども実際には次に述べる二つの理由からそうではないと考えられるのである。

一つ目の理由はごく一般的なものだ。どんな現象もその成り立ちを解明するためにはそれが変化したり消失したりする過程を理解する必要があるだろう。ある事柄が維持されている仕組みは、それが変化していくときにこそよく見えるようになるものだからだ。逆に、どのような場合にそれが変化するのかということを理解したときにはじめてその維持の仕組みを理解したといえるのである。「自己」の成り立ちを理解するとは、だから、それがどのような場合に変化するのかを理解することでもあり、物語療法が人々の自己をより容易に変容させるとするなら、それは社会学的な自己論にとっても重要な意味をもっている。

二つ目の理由はもう少し具体的で特殊なものだ。近代社会は、その誕生以来、たえず自らを作り変え、更新してきた[15]。それは、いわば絶えず変化するような社会であり、しかも、その変化の速度は近年ますます上がっているように思われる。だとすると、その社会のなかで生きている人々の「自己」も何らかの形でこの変化に対応していく必要があるだろう。そのような対応の一つとして考えられるのは、社会の変化に合わせて「自分を変える」というやり方だ。物語療法をはじめとする様々な心理療法はそのような人々の要請に応えるものであった。このような流動化した自己のあり方を理解する上で、「自己を変える」ということに実践的な関心を抱く人々が蓄積してきた知識には教えられるところが少なくないはずだ。

本章では自己が流動化していくという点について踏み込んだ議論はできないが、少なくともごく一般的な水準で、社会学的自己論の二つの認識を修正し、書き換えることはできる。ただし書き換えというのは、以前の認識を否定し、まったく新しいもので書き換えることではない。むしろ以前の認識をふまえて、その内部から現れてくる新しい難題に対処するためにいくぶんかの修正を加えることである。そしてこの書き換えは、ポストモダンとしばしば形容されるような新しい自己のあり方を考える際にもひとつの足場を提供してくれるだろう。

以下、この書き換えを、二つの認識のそれぞれに対応する形でみていくことにしよう。

(1) 対他関係は物語を通して自己を生み出す

物語療法に学ぶとするなら、「自己とは他者との関係である」という一つ目の認識は、「対他関係（他者との関係）は物語を通して自己を生み出す」というものに書き換えることができる。これは、他者との関係が「自己」に先立っており、「自己」の土台にあるという認識を否定するものではない。ただ、その他者との関係があくまでも何らかの物語を経由することによって自己へとまとめあげられていく点を強調するものだ。

第2節で見ておいたように、一つ目の認識を前提にする限り、対他関係と自己との間には奇妙な循環が起こる。すなわち、自分を変えるためにはまず他人との関係を変えなければならないはずなのだが、関係を変えようとすると、今のままの自分では同じ関係を反復してしまう。自己を変えるためには関係を変えなければならないのだが、関係を変えようとすると自己がまず変わらねばならない、というわけだ。これに対して自己物語の置かれている位置は、一言でいえば、このような「自己」と「関係」の循環を――解消させることではなく――うまく変容の方向に導いていくための支点のようなものである。物語療法とはこの支点を活用するための技法であるといってよいだろう。

実は社会学的自己論もある形でこの支点を活用してきた。物語論的アプローチの意義をはっきりさせるために、その活用がどのようなものであったのかを確認しておきたい。そもそも、「自己とは対他関係である」という社会学的認識が正しいものであったとしても(そして物語論的アプローチはその正しさを否定しようとするものではないのだが)、実際にある「自己」がどのような関係から生み出されたものであるのかを知るためには、その「自己」がどのようなものであるのか、どんな状態におかれているのかをまずは知らなければならない。「関係」はそのあとで、そこから振り返る形で見いだされるものだ。というのも、関係といってもある人間の「自己」を生み出す関係は種々雑多、ほとんど無際限に延び広がり、重層化した、目もくらむほど複雑なつづら織のようなものであり、その中から特定の関係を選びだすためには、結局のところその人間がいまどのような状態にあるのかということを手がかりにするほかないからだ。だから、自己を知るためにはそれを生み出した関係を知らなければならないが、その関係がどのようなものであるのかを知るためには、当の自己を手がかりにするしかないのである。例えば、何らかの薬物に依存している人間の「自己」を理解するために、家族関係について知ろうとするというような場合、なぜ他でもなく「家族関係」に注目するのかといえば、その人が薬物に依存するような人間であると捉えられている（そしてその種の依存は「機能不全家族」にしばしば由来するものであると考えられている）からだ。ここでもやはり自己と関係は循環しているわけだ。

ところでその人がどのような状態にあるのかという判断は、判断する人の視点によって変わってくるだろうし、したがって、視点が変わればどのような関係に注目すべきなのかという判断も異なってくるだろう。そしてこの視点が圧倒的な説得力をもち、それ以外の視点では替えられないと感じられているとき、「自己」と「関係」の循環は見えなくなってしまう。例えば、資本主義の弊害を重視する目で対象を見れば、その背後には主として資本主義的諸関係が浮かび上がってくるだろうし、フェミニストの観点から見れば性差別的な諸関係や家父長制的な社会システムが浮かび上がってくるだろう。先の例であげた薬物依存が家族関係に帰着するのは、薬物依存は「機能不全家族」から生じるという理論・視点があらかじめ強い説得力をもっているからだと考えられる。要するに、社会学的自己論においてもほんとうは関係と自己との関係は循環しているのだが、前提となる理論・視点があらかじめ十分な説得力をもっていれば、それが循環を見えないようにして、あたかも「関係→自己」というように直線的（循環ではなく）に説明することができるかのようにみせているのである。[16]

社会学者ではない人々が自分と他人との関係を考えるときにも、同じように、循環を見えなくしているものがある。それが自己物語だ。人は自分自身について物語るなかで、様々な体験や行為を選びだし、特定の角度から光を当て、時間の流れにそってそれらを組み合わせ、紡ぎ合わせていく。その過程で過去の私が、様々なエピソードを経て、現在の私にまで到達し、二つの視点（過去の私／現在の私）が物語の結末において重なり合う。そして、その一致は、他者によって聞き届けられ、受け入れられたときに現実となる。物語が自己を構成するというのはそういうことだ。そして、右で見た社会学的自己論の場合と同じように、ある自己物語が現実的なものであると感じられている限り、自己と関係の循環は見えないままであり続ける（あるいは、そもそも自己を関係に還元することなどできないというような自己物語をもっている人もいるだろう）[17]。ところが、社会学的自己論の場合とは異なって、ときとして人は自分自身を何とかして変えたいと願うことがあり、そういう人たちが自分を変える努力を始めると、とたんに自己と関係の循環が姿を現してくることになる。おそらくこの循環自体は、自己や関係を消滅させるのでない限り、消し去ることのできないものだ。自己を変えるというのは、むしろある循環を別の循環に変えること、言い換えると、「自己」と「関係」との間の関係を変化させることなのである。そのためにはそれら二つの間にあって循環を見えなくする（あるいは違ったように見せる）一種のスクリーンとなる自己物語を変える必要がある。[18]

右で「スクリーン」という比喩を使ったが、実際のスクリーンがそうであるように、自己物語は、なにかを遮蔽し見えなくすると同時に、別のなにかを映し出す働きをするものだ。他者との関係（とりわけ外部から人を観察する人に見えている「客観的」諸関係）は、そのまま自己になるのではなく、このスクリーンに映し出されたなにかを通して自己を構成するのである。[19] 自己を変えることはこのスクリーンに映るものを変えるということなのだ。

結局、自己が他者との関係であるというこれまでの社会学的認識がそれ自体としてまちがっているわけではない。むしろそれは正しい認識なのであろう。だが、その他者との関係は自己物語を通してのみ自己を生み出すということもまた認識しておかなければならない重要な点なのである。物語論的アプローチは、それゆえ、「対他関係は物語を通して自己を生み出す」と考える。これが第一の書き換えだ。

(2) 対自関係はパラドクスであり、自己物語はそれを前提にすると同時に隠蔽する

第二に、「自己とは自分自身との関係（対自関係）である」という二つ目の認識は、「対自関係はパラドクスであり、自己物語はそれを前提にすると同時に隠蔽する」というそれに書き換えられる。この書き換えの要点は二つある。一つは、対自関係がパラドクスであるということ、もうひとつは自己物語がそれを前提にし、同時に隠蔽しているということ

だ。二つを順番に見ていくことにする。

一つ目の点（対自関係はパラドクスだ）について。そもそも対自関係や再帰性（リフレクション）というのは奇妙な性質を持っている。もし対自関係こそが自己を成り立たせているものであるとするなら、対自関係のないところには自己はないということになるだろう。しかしそもそも対自関係というのは自分自身への関係（自分自身を見る、語る、等々）ということなのだから、あらかじめ自分がいるのでなければ生じようがないものだ。つまりこの場合、対自関係や再帰性というのは、自分が結果として生み出すはずのものを前提としてしか生じえないという奇妙な循環のうちにおかれているのである。

これはもう少し抽象的にいえば「自己言及のパラドクス」といわれるものと形式的には同じ問題である。自己言及のパラドクスとは、ある文や命題がそれ自身の真偽について判断してしまっているような場合、その判断の当否が宙づりにされてしまうような事態を指す。例えば、「この文は嘘である」という文は自らの真偽についての判断を含んでいるために、その判断は宙づりにされてしまう。もしこの文がほんとうに嘘であるとすると、この文の主張している通りであるということであるから、この文は真であるということになる。逆にもしこの文が偽であるとすると、ほんとうは「この文は真である」という文が正しいことになるが、とするとこの文は真であることになるだろう。このような宙づり状態は、文とそれについての判断が同じ一つの文に属していることから生じているものだ。

これだけ聞くと一見空理空論のように思われるかもしれないが、この問題は論理学的・哲学的な世界の話だけにはとどまらない。例えば、親から「親のいいなりにならず、自律しなさい」と命令された子どもの苦境は、まさにこの宙づり状態そのものである。子どもはこの命令にしたがおうとすると、文字通り「親のいいなり」であり、「自律」しておらず、命令にはしたがっていないことになる。逆にこの命令に反抗しようとすれば、命令に反するように、すなわち「親のいいなりに」なるように行動するほかなく、反抗は逆に従順になってしまう。この命令をまじめに受け止めた子どもは、それに従うことも逆らうこともできないという宙づり状態に陥ることになるわけだ。[20] この場合、苦境は、命令自体(自律しろ)とその命令に従うことについての判断(親のいいなりにならず)が同じ一つの命令に属していることから生じてきているのである。

二つ目の点(自己物語はパラドクスを前提にし、隠蔽している)について。自己物語というのは、自己が自己自身について語る物語であるから、「物語られる自己」と「物語る自己」とは同じひとりの「自己」に属している。これは文字通りの自己言及であり、右で見たような宙づり状態がここでも起こるだろう。

例えば、「私はアダルトチルドレンです」と語るような場合、この語りにはおそらく「機能不全家族に育ったために、私の自己認知はある方向にゆがんでいる(例えば、自己評価が極端に低い)」といった語りが含まれるだろう。その場合、自分がアダルトチルドレンであるという語りはどの程度信頼できるのだろうか。自分自身についての物語が、その物語への判断（「自分自身に対する見方がゆがんでいる」）をも含んでしまっているために、この物語の真偽は宙づりにされてしまっている。同じように、アルコール依存症者が、「私は重度のアルコール依存から立ち直り、いまではすっかり素面になった」と語るとき、果たしてそれは「私は酔っぱらっていない」と語る酔っぱらいの物語以上に信頼のおけるものなのだろうか。[21] あるいはまた、ある宗教に参加して自分は救われたと語るような場合（いわゆる「回心物語」）、そこから救われたという当の問題自体がその宗教への参加によってつくり出された（あるいは「気づかされた」）ものではないといえるのだろうか。

要するに、これらの自己物語は、それ自身についての判断を含んでしまっているがゆえに、言い換えれば、語りとその語りについての判断が同じ物語に属しているがゆえに、物語の信頼性を宙づりにされてしまっているのである。そして、このような構造は、自己物語すべてに共通している。なぜなら、どのような自己物語も自己言及の形式を避けることは定義上できないからだ。自己物語がパラドクスを前提にしているというのはそういうことである。

だから自分自身について信頼に値する物語を語ろうとするならば、このパラドクスを何らかの形で隠しおおさなければならない。[22] どのように「隠す」のか。結論からいえば、この「隠蔽」は、他者が物語を受け入れてくれたときに成し遂げられる。ここでことの順序によく注意してほしい。信頼できる物語だから他者が受け入れるのではない。他者が受け入れてくれることが物語に信頼性を与えるのだ。そのために自己物語を語るものは、その物語が他者に受け入れられるように様々な物語上の工夫をこらすことになる。この工夫がどの程度成功しているかをはかる一つの基準が物語の「閉鎖性」である。

物語が閉鎖的である(閉じている)というのは、その物語がそれ以外には語りようがないということ、すなわち、その物語だけがその件についての誰もが合意する語り方であるということを意味している。もう少し細かくいうと、それは、一方では別な語り方を排除することであり、他方では、メタコメントを排除することだ。[23] 別な語り方を排除するためには、物語の結論からさかのぼって、語りに組み込むべきエピソードを慎重に選びだし(無関連なエピソードを除外し)、それらの間に食い違いが生じないように注意深く配置しなければならない。また、メタコメントとは、物語自体に対する距離をおいた評価が物語の内部に現れてきてしまうことであるが、[24] 物語が閉じるためにはそれは注意深く取り除かなければならない。そのためにとくに重要なのは、自己物語の場合、「語り手」と「語りの主人公」とを最終的に一致させるということだ。[25] そうでないと、語り手の言葉は、しばしば物語そのものに対するメタコメントになってしまうからだ。例えば「私はアルコホリックだった」という過去についての語りは、「私は素面である」という現在の語りと何らかのやりかたで一致させられない限り、この物語への信憑性をいくぶんかは奪うようなメタコメントとなるであろう。[26]

けれどもさらに注意すべきなのはこのような工夫をこらして自己物語を語ったとしても、他者がそれを受け入れてくれる保証や根拠はどこにもないということだ。それらの工夫はあくまでも「一般化された他者」（ミード）を想定してなされるものであり、具体的なあれこれの他者にそのまま通用するものではない。他者が物語を受け取るということは、そのような偶有性や不確定性（受け取るかもしれないが受け取らないかもしれない）をこえて、あるいは偶有性や不確定性にもかかわらず、受け取るということなのである。物語への信頼はこの「にもかかわらず」から生み出されるものだ。[27]

また、このときパラドクスはあくまでも隠されるだけであり、解消されるのではない。それは物語の中に必ずなにがしかの痕跡を残す。例えば「ユニークな結果」とはそうした痕跡の一つであり、そこに光をあてることによって自己物語の信憑性を宙づりにし、その自明性や確実性を揺るがすことができるようになる。ある自己物語を解体して、新たな自己物語を構築するのではない。そうではなくて現にある自己物語を内側から宙づりにすること、そしてその状態で「編集」（Parry & Doan [1994: 119]）を加えること。物語療法がおこなっているのはそういうことだ。

整理しよう。自己物語は構造的に自己言及であるからパラドクスが生じることを前提にしている。だがそのパラドクスは自己物語が他者に語られ、他者がそれを受け入れる限りにおいて隠蔽される。社会学的自己論がこれまでに重視してきた対自関係、再帰性、自己内コミュニケーションといったものがいまもなお重要であることはいうまでもないことだ。しかし、それと同時に、対自関係がパラドクスであること、それを隠蔽するために他者が必要であること、これらもまた認識されなければならない重要な点なのである。(28)

社会学的自己論の二つの基本認識がどのように書き換えられるのか確認してきた。見てきた通り、「書き換え」とはもとの認識を否定するものではない。むしろもとの認識の正しさと重要性を十分認めたうえで、なおそこから生じてくる問題に応える形で書き換えはなされる。物語療法がそうであったように、社会学的自己論においても、書き換えるという作業は、古い物語を内側から宙づりにして、編集を加えることであったわけだ。

注

(1) 以下、ミードの訳文に関しては適宜修正を加えてある。

(2) ゴフマンの議論にはシュッツ、バーガー、ルックマンらの現象学的社会学やゲオルク・ジンメルの社会理論等多くの理論が影響を与えており、ミードの議論はそれの一部である。またゴフマンの議論は、時期によっても異なっているので、その全体を演劇論的なアプローチであると言い切ってしまうことは難しい(この点については、例えば、Manning, Ph. [1992] を参照)。だが、それらの事情を考慮した上でもなおゴフマンの議論が全体として「自己」を「関係」に還元するという方向性をもっていたことはたしかである。

また、かりにそのような方向とは異なる議論がゴフマンの中にあったとしても、後の研究者が自己論に関連づけてゴフマンを読み解く際には、そのような関係還元的な方向が強調されがちであったということも強調しておかなければなるまい（例えば、Holstein, J. A. & Gubrium, J. F.［1999: 35-37］）。

（3）椎野信雄が端的に表現したように（椎野［1991: 64］）、「ゴフマンにおける『自己』概念は逆説的に、個人心理用語ではなく、状況用語である」。つまり「呈示というパフォーマンスがなければ、自己も問題にならないことになる」。それらパフォーマンスの背後にある自己（ゴフマン自身はこれを諸々のアイデンティティをかけておく釘、という意味でアイデンティティペグと呼んだのだが）は、この場合そもそも問題にならないとも言える。もし状況に関連しない自己というものがあり得るとすれば、それは「どこであれ物理的にたった一人でいるときの人間の状態のこと」であり、表現手段や表現の相手を欠いているがゆえにきわめて空虚なものになるのだという。つまりゴフマンの議論は自己を関係に還元すると同時に、そもそもそのような還元に抗するものは問の範囲外においていたとも言えるだろう。だがこのような還元に抗する、空虚なもの、あるいはアイデンティティペグはそれ自体として自己論の重要な対象なのでないだろうか。これが本章の後半の議論を導く問題意識である。アイデンティティペグについては、浅野［1996］における考察も参照してほしい。

（4）「固有名」（クリプキ）、「顔」（レヴィナス）、「単独者」（柄谷行人）等々の議論になじんだ今日の目からみるとなかなか想像しにくいことではあるが、ある時期（あるいは今日においても?）、社会学的自己論は、自己を関係に還元することに熱中していた。例えば、作田啓一は当時そのような状況に対する違和感をもらしていた（作田［1987］）。

（5）そもそもなぜ自分を変えたいという欲望をもつ人が増大するのかということ自体が社会学的には

大切な問題であるが、その点はここではおいておくことにする。この点については、芳賀学・弓山達也［1994］も参照。

（6）もちろんこの説明は事態を単純化しすぎているであろう。しかし、虐待の事例においてかつての虐待者（それはしばしば親なのだが）との関係が虐待された者の自己イメージを大きく規定し、その自己イメージが現在の彼・彼女の対他関係を大きく規定しているという基本構造はしばしば共通しているように思われる（例えば、White, C. & Denborough, D. eds.［1998＝2000］の第四章を参照されたい）。

（7）初期家族療法に大きな影響を与えたグレゴリー・ベイトソンは、このエスカレーションを「プライド」の罠であるとして、次のように理解した（Bateson, G.［1972＝1990: 434-441］）。まずアルコホリックは自分がアルコールに依存していることを認めたくないので、アルコールに関して自己コントロールができるのだということを周りにも自分自身にも証明してみせようとする。この証明のためにいちばん手っ取り早いやり方は実際に多少のお酒を飲んでみせて、それでも冷静でいられることを示すことだ。けれどもその証明はどこまでいっても「これで十分」ということがないので最終的には酔いつぶれるところまでいってしまう。このことからベイトソンは、「コントロールする自分」と「コントロールされる自分」とを切断するような考え方には限界があるのだと論じている。

（8）もちろん実際のセッションが常にこの順番で進むわけではないだろうから、この図式は理念型というべきものである。なお、クールハンらの論文のように、スルズキーのこの議論を実証的に評価しようとする試みもある（Coulehan, R., Friedlander, M. L. & Heatherington, L.［1998］）。

（9）セラピーにおける儀礼の有効性については多くの理論家が指摘している。例えば、Friedman, S. ed.［1995］や Smith, C. & Nylund, D. eds.［1997］に寄せられた諸論考を参照されたい。

(10) よりミクロな水準で介入技法に着目した場合にも同様のことが言える。例えばコーガンとゲイルは、セラピーを記録したビデオ（ちなみにセラピストはホワイト）に対してテキスト分析を行い、そこでのセラピストの応答・介入が、クライエントたち（この場合はカップル）に対して別様の語り方を許す余地を開くことにもっぱら向けられていると指摘している（Kogan, S. M. & Gale, J. E. [1997]）。

(11) これに対して初期の家族療法は、システム理論にもとづいて考え、語り、実践してきたし、その臨床的努力は一定の成果を収めてもきた。すなわち、その実践は、家族成員が気づいていないコミュニケーションのパタンやシステムの構造をセラピストが発見し、このパタンや構造を破壊するように作用する指示（その典型が逆説処方）を与える、というスタイルを取っていた。システムのパタンを変えることで、成員の意識や行動に変容をもたらそうとしていたわけだ。これはまさに関係を変化させることによって、自己を変化させるという発想にほかならない。

(12) ちなみにシステム論的な観点からいえば、クライエントが問題解決へ向けて様々なイノベーションを試みるその努力こそが問題を再生産していると考えられる。例えば不眠症が、何とかして眠ろうと試みるその努力それ自体によってより強化されてしまうように。むしろそこでは反省性の過剰こそが問題なのであり、反省性を一時ストップし、問題を忘れることこそが問題の解決にとっては重要であるとされていた（逆説処方が「逆説」でなければならない一つの理由はそこにある）。

(13) フリードマンもまた、クライエントの視点に変化をもたらす刺激は当たり前すぎず、新しすぎず、というバランスが重要だと指摘している（Friedman [1995: 13-16]）。これは自己物語の変化を手助けするセラピストの姿勢全般についてもいえることであるように思われる。

(14) 前章で紹介したように、アンデルセンとチキンは、それぞれ、ミラノ学派的なやり方ではセラピーがやりにくく、居心地の悪いもの（discomfort）と感じられるようになったと述べている（McNamee, S. & Gergen, K. J. eds.［1992＝1997］）。またアンデルセンは、リフレクションチームの技法が、ミラノ派的なやり方で行き詰まってしまった（stuck）ことをきっかけに生み出されたと報告している（Andersen, T.［1995］）。

このような違いは家族療法のみならず、他の臨床的な言説との間にも見られるものだ。例えば精神医学者の木村敏は、自分たち精神科医と社会学者とでは他者へ向かい合うときの根本的な構えがちがう、ということを指摘している（木村［1995］）。

(15) イギリスの社会学者アンソニー・ギデンズは近代を特徴づけて、反省性を制度の基礎とした社会であると指摘した。これは言い換えれば、変化を常態化した社会であり、たえず自らをバージョンアップしていく社会であるということだ。このことはマクロの制度だけではなく、個々人のライフスタイルやアイデンティティをもたえず更新されるプロジェクトとしていくのだ、とギデンズは論じている（Giddens, A.［1991］［1992］）。また森真一は、とくに労働市場の流動化に着目し、その流動性への対応として「自分を変える」方法としての心理学（とりわけ臨床心理学）が動員されるのだと論じている（森［2000］）。

(16) その「理論・視点」は「物語」のようなものともいえる。「資本主義の物語」「家父長制の物語」「主体・権力・知の物語」「機能不全家族の物語」等々。いずれにせよ自己を関係に還元するような説明は、必ず何らかの物語とワンセットになっている。この物語が説得的に語られているかぎりにおいて、循環はみえなくなる。これは自己物語を首尾よく語り続けることが、自己にまつわる循環を隠蔽するという事態と相同的だ。とはいえ、もちろん、それぞれの理論は、自らの説得力を確保するために、実証的あるいは論理的な一貫性を追求しており、その試みはおおいに価値のあるものである。念低く見積もろうとするものではない。

のために確認しておけば、理論を一種の物語として扱うことは、それらの理論としての意義や価値を低く見積もろうとするものではない。

(17) 人々が自ら語っている自己物語と、社会学的理論の物語との間の関係は、様々であり得るが、「正義」の物語がしばしば抑圧の物語(ドミナント・ストーリー)となることには注意が必要だろう。例えば前章で紹介したように、摂食障害の女性たちのグループでフェミニズム的啓蒙を行うことはときとして抑圧的になり得る。また逆に、「アダルトチルドレン」のように、専門家の物語が、熱狂的に人々に受け入れられる場合もある。なお、自己物語と専門家言説の関係一般については、リンデの考察(Linde, Ch. [1993] の特に第六章)を参照されたい。

(18) システム論的家族療法とも関係の深い理論家クローネンらは、行為とそれを意味づける文脈とは普遍的に循環しているものだというより一般化された主張を展開している。この場合、循環はより高次の文脈によって暫定的に解消されるのだが(Cronen, V. E. et al. [1982])、その解消はあくまでも暫定的なものであり、循環自体が消滅するわけではない。

(19) 社会構成主義の分析に欠けているのはそのようなスクリーンの存在についての考察ではないだろうか。

(20) このように従っても従わなくても罰をうけてしまうような命令の働きを、ベイトソンは「ダブルバインド」とよんだ(Bateson [1972=1990]、特に第三篇)。

(21) アルコホリックの自助グループであるAA(Alcoholics Anonymous)では、自分がアルコホリックであることを率直に認めるように教え(「AAの一二ステップ」)、グループミーティングでも参加者はみな必ず最初に「私はアルコホリックの……です」と自己紹介することになっている。このような語り方は、自己物語のパラドクスに対して「語り」の水準での一種の「解毒剤」となっているとも考えられる（Holstein & Gubrium［1999］）。というのも、この場合、かりに禁酒をやぶっても物語全体の整合性は壊れない。なぜなら自分はアルコホリックであると最初に認められてしまっているからだ。

(22) ここでいう「隠す」が、例えば「詐欺師が自分の正体を隠す」というような場合とは根本的に違うということに注意してほしい。詐欺師が隠しているその「正体」それ自体が、ここでいう「隠す」を前提にしているのである。

(23) 物語の閉鎖性については、次の章で詳しく論じる。

(24) ベイトソンは、あるメッセージがおかれている文脈を指示するメッセージをメタメッセージとよんだ。彼はメタメッセージのなかでもとりわけ表情や姿勢、声の調子など非言語的なものを重視したが、物語におけるメタコメントはそのような非言語的なものだけではなく、物語の中で語られてしまったものをも重視する。あとでみるように物語療法のいう「ユニークな結果」とはそのような言語的メタコメントの一種である。

(25) ラカン派的にいえば、「発話の主体」と「発話の主語」。この両者は、必ず乖離してしまうのだが、これを一致しているかのように装わなければならないということだ。

(26) グブリアムとホルスタインは、AAのミーティングでの模範的な語りには必ず「底をつくhit the bottom」というエピソードが含まれていることを指摘した。彼らの考えではこれは、各人が自分の体験を語るために用いることのできる資源なのである（Holstein & Gubrium［1999: 120-123］）。これに加えていうならば、これは「過去の私」と「現在の私」を切り離すと同時に結び付けるための物語上の工夫なのである。

(27) だから信頼を勝ち得た物語の中には、必ず他者の影が落ちている。そもそも人が自分自身の物語として語っている物語は、どれほどほんとうに自分だけのものなのだろうか。例えば、ピアジェが幼いころの自分に降りかかったものとして鮮明に記憶していた誘拐事件は、実際には乳母の作り話であった。そのように、自分固有の物語だと信じていたものの底にはいつでも他者の語りが存在しているのではないか。その意味では、パラドクスの隠蔽はまた、自己物語の底にある他者の隠蔽でもなければならない。

(28)　社会学的自己論のなかでも自己言及のパラドクスを重視した点でニクラス・ルーマンの議論は際立っている。ルーマンは自らの立場をラディカルな constructivism とよんでいるのだが、このことは、物語論と構成主義（constructionism）との違いを考える上でおおきな示唆を与えるものである。

第五章　構成主義から物語論へ

前章ではこれまでの社会学的自己論を物語論的な観点から書き換えたのであるが、それを読んで「これはいわゆる社会構成主義と同じ趣旨の議論なのではないか」と感じた人も多いのではないだろうか。「社会構成（構築）主義」とは近年多くの社会学者の（すぐあとで見るように社会学者には限らないのだが）関心を集めているアプローチであり、たしかに物語論にも大きな影響を与えている。また、第三章で触れておいたように、家族療法の分野では、漠然とではあるが、構成主義と物語論とがほぼ重なり合うものであると受け止められていたりもする。(1)

ではこの二つの理論はまったく同じものなのだろうか。この問が本章のテーマとなる。はじめに結論を言っておくと、前章で書き換えた二つの認識のうち、一つ目のもの（「対他関係は物語を通して自己を生み出す」）は、実質的に構成主義の考え方と重なり合っているといってよい。この点では構成主義と物語論とは非常に近い位置にある。けれども、二つ目のもの（「対自関係はパラドクスであり、自己物語はそれを前提にすると同時に隠蔽する」）に注目すると、両者の考え方は全く違っていると言わざるをえない。つまり、半分は重なり合いつつも、もう半分は完全にずれている、というのが物語論と構成主義との関係なのである。本章では後者、すなわち両者の違いの方に着目してみたい。違いに焦点を合わせて両者の対比を鮮明にすることで、自己への物語論的アプローチの輪郭とその固有の意義を明確にすることができるであろう。

以下では、まず構成主義と物語論とがよく似たものであると考えられている理論的な現状を確認する（第1節）。ついで、構成主義がどのような理論であるのかをみた上で（第2節）、構成主義が自己論としてはある困難をはらんでいることを明らかにする（第3節）。最後に物語論がその困難をどのように扱うことになるのか検討する（第4節）。

1　物語論は構成主義である？

第二章、第三章で見てきたように、物語論的アプローチは人間のコミュニケーションや現実の意味づけに関わる様々な学問分野（社会学はもちろん社会心理学、臨床心理学、人類学等々）で関心を集めている。ところでその同じ諸分野で、近年支持を広げつつあるもうひとつのアプローチがある。「構成主義（constructionism）」と呼ばれるものがそれだ。

実は「物語論」と「構成主義」という二つの見方は、それを論じる当事者たちから、しばしば互いに交換しうるもの、すなわち実質的に同じものと見なされている。そこで、それら二つがほんとうに同じものであるのかどうかの検討に先だって、まず少なくともそれらが同じものであると「考えられている」という現状について、代表的ないく人かの理論家をとりあげて確認しておきたい。

はじめに取り上げるのは家族療法の理論家アンダーソンとグーリシアンだ。彼らは第三章で論じたように家族療法を物語論の方向へ向けて大きく前進させた理論家・臨床家である。彼らの主張の要点は、セラピストの対象となるシステムが何らかの「問題」に先だってあらかじめ存在しているのではなく、その「問題」をめぐって交わされる言語的な相互行為(要するに「会話」)の中で生み出される(構成される)ものであるということであった。このことを彼らは次のように言い換えている。

われわれがセラピストとしてかかわり合うシステムは、治療的会話を通して進化していく物語なのだ。……システムは、言語的相互行為のうちに、そしてわれわれの理論のレトリックとメタフォリカルな物語のうちに存在しているのである。(Anderson, H. & Goolishian, H. A. [1988: 379])

この引用文が主張しているのは、システムが「会話（言語的相互行為）」の中にあるものであると同時に「物語」のうちにあるものだということだ。すなわち「問題をもったシステム」という現実を「構成」する会話は、同時に物語を語ることであるとも主張されているのである。同じ論文の中で彼らはこのことをさらに一般化して次のように言っている。

（そもそも人間というのは）互いに会話的物語の世界を生きているのであり、自分自身やお互いのことを物語や自己記述の交換を通して理解している。（Anderson & Goolishian [1988: 380]）

つまり現実の理解というのはみな会話によって行われるのであり、その会話というのは物語の交換であるというわけだ。彼らにとっては会話（言語的相互行為）と物語は重なり合うものであり、会話による現実構成はすなわち物語による現実構成なのである。

二人目に、アンダーソンとグーリシアンの影響を受けて、（ベイトソン的な）システム理論から構成主義に方向転換したリン・ホフマンを取り上げよう。彼女の考え方の要点は、現実が社会的解釈過程の中で構成されるということであった。つまり人々がコミュニケーションしあいながら自分達の世界を様々に解釈する中で「現実」は生み出されていくのである（Hoffman, L［1992: 2］）。彼女のいう「社会構成主義」とは、そのような考え方を指すのだが、それについて彼女は次のように言っている。

社会構成主義アプローチと軌を一にして、家族療法家（ガルヴェストン・グループのような）は、ポストモダン的なセマンティクス・物語論・言語学に関心を持ち始めている。（Hoffman［1992: 3］）

つまりホフマンもまた、社会構成主義と物語論とが「軌を一にする」ものであると考えているわけだ。

三人目は、社会心理学者のケネス・ガーゲンだ。ガーゲンの見解は（次節および補論でも見ることになるが）、社会心理学の分野での社会構成主義を代表するものと考えられている。その彼が「自己」について考察する際に、「物語」という概念を中心的な位置に据え、自己は自己について物語る中で構成されるという趣旨の主張を展開している。その議論の詳細は補論を参照してほしいのだが、ともあれここでは、物語という概念を使って理解すること自体が構成主義的なやり方の一つであると考えられているのである。

このことは四番目に取り上げるホルスタインとグブリアムの場合も同じだ。彼らもまた社会学の分野での社会構成主義（社会学では「構築主義」とよばれているが）を代表する理論家である。[2] 彼らはその著書（The Self We Live By :Narrative identity in a postmodern world）で「自己」や「アイデンティティ」の構成を主題的に論じている（Holstein & Gubrium [1999]）。この本の副題からもわかるように、その構成は自己物語を通してなされるものであるとされており、ガーゲンの場合と同様、ここでも構成主義的な説明のひとつのやり方として物語論が採用されているのである。

ここでは代表的な四人（四組）の理論を取り上げたが、そのいずれにおいても物語論は構成主義となめらかに連続しているか、あるいは物語論は構成主義の一部であると考えられている。このような扱いが適切なものであるかどうかはあとで検討しなければならない問題であるが、さしあたり物語論と構成主義とが同じようなものとして見られているという現状は確認できた。実はこのような見方は必ずしも根拠のないものではない。二つの立場の間にはたしかに一定の共通性があるのである。そのことを次節で見ていこう。

2 構成主義とは何か

そもそも構成主義とはどのようなアプローチ、どのような見方であるのだろうか。ここでこのように問うのは、構成主義と物語論との重なり具合い・ずれ具合いを測定するためには、まず構成主義自体の中身をはっきりさせておく必要があるからだ。

家族療法の中での構成主義がどのようなものであるのかについては第三章である程度詳しく説明したので（ハーレン・アンダーソンらガルヴェストン・グループの立場がそれにあたる）、ここではもう少し広い分野を射程にいれた議論を見ておくことにする。最初に、構成主義について包括的で体系的に論じているケネス・ガーゲンの議論をとりあげ、ついで、社会学ではそれがどのような形をとって論じられているのかを簡単に確認する。

ガーゲンは社会心理学者であるが、他の様々な学問分野での動向にも目を配りながら、構成主義を次のような思考の大きな枠組みであると考えた。すなわち、人々が体験するすべての出来事、すべての現実は他者たちとの言説をなかだちとした相互行為のなかで（そしてその中でのみ）構成される、したがって言説や相互行為のあり方が変われば現実も違ったものであり得るという枠組みである。けれども、これはあくまでも大づかみな理解の仕方であって、具体的にどのような研究が構成主義的と呼ばれるべきなのかという点に関しては、それほど厳密な合意があるわけではない。そこでガーゲンは、広い意味で構成主義的と呼べそうな研究が共通に前提としている認識を次のような五つの命題に整理してみせた。

①第一の命題は、「われわれが世界や自分について説明する際に用いる用語は、その説

明が向けられた対象によって指示されているのではない」というものだ(Gergen, K. J. [1994: 49])。ふつう、対象は観察者とは独立にあらかじめ存在しており、記述・説明とはその客観的対象を正確に(あるいは不正確に)写し取るものだ、と信じられている。[3] それに対して第一の命題は、対象と説明との間にそのような対応の関係が存在しないこと、したがって「事実」をよく観察することによってより正確な説明にいたることはありえないということを明言するものだ。

②第二の命題は、「われわれが世界と自分自身とを理解するのに用いる用語と形式とは社会の産物である。それは歴史的・文化的な状況のもとでの人々の相互行為から産み出される」というものだ(Gergen [1994: 49])。つまりある対象についての理解(あるいはそのための用語と形式)が「正しい」「妥当な」ものである(と信じられている)のは、それが特定の社会の中で首尾よく流通しているかぎりにおいてである、ということだ。言い換えればその社会のなかに生きている人々がその「理解」によってお互いの行為をうまく理解し、それらを首尾よく調節してつなぎ合わせていくことができる、そのかぎりにおいてのことなのである。したがって「構成」とは、諸個人の内側で起こる働きではなく、人と人との間で起こるような、その意味で社会的な過程である。[4]

③第三の命題は、「世界や自分についての与えられた説明がどの程度の期間にわたって維持されるのかは、その説明の客観的な妥当性に依存しない。そうではなく、それは社会

過程の変容可能性にこそ依存しているのである」というものだ（Gergen [1994: 51]）。すなわち、現実についての理解や説明は、社会過程（他者との相互行為）のありかたが変われば変わっていく。ある説明が妥当かどうかを判断するための基準は決して超越的な高みから与えられるものではなく、具体的な社会過程を離れてしまえばどのような説明であれその妥当性を主張することはできないのである。

④第四の命題は、「言語は人と人との間の出来事において、それが関係の諸パタンにおいて機能するその仕方から意味を引き出す」というものだ（Gergen [1994: 52]）。すなわち言葉の「意味」は、人間関係を取り結ぶ際に、それが果たす「機能」から引き出されるものであり、したがって、社会的な「語用論（プラグマティクス）」の方が「意味論（セマンティクス）」に先立っているのである。具体的にいえば、社会関係のなかで諸々の行為をつなぎ合わせ相互に調整していく上で、ある言葉が何らかの役割を果たしているならば、その役割こそがその言葉の意味であるということだ⑤。

⑤第五の命題は、「現存する言説の諸形式を評価することは、文化的生の諸パタンを評価することであり、そのような評価は、他の文化的飛び地に発言権を与える」（Gergen [1994: 53]）というものだ。すなわち、言説のあり方が社会関係のあり方によって決まってくるとすれば、ひとつの社会の中にも様々な関係のあり方（文化的生の諸パタン）が見られるのだから、それに応じて複数の異なった言説があるはずだ。とすると、それら複数

の言説を評価するということは、これまで社会の周辺に追いやられ、沈黙を強いられていた言説（文化的飛び地）に一定の発言権を与えることになる。(6)

歴史的な文脈に埋め込まれた「言語ゲーム」（言語に媒介されて織り合わされた相互行為）によって現実が生み出される（構成される）、これがガーゲンのいう構成主義の要点だ。(7)構成主義のこのような理解の仕方は社会学のなかでのそれとも重なり合う。このことをごく簡単にではあるが確認しておこう。例えば、野口裕二は社会構成主義の原点をバーガーとルックマンの現象学的社会学にまでさかのぼった上で、その視点を次のように整理している。

社会構成主義の基本的な主張は「現実は社会的に構成される」という点に要約される。われわれが生きる現実はわれわれ相互の交流をとおしてソーシャルに構成されるものであるという。われわれの思いや他者との交流とは別のところに現実が存在するわけではなく、あくまで、われわれの共同作業をとおして現実が立ち現れてくると考える。（野口［1999: 18］）

ここでもまた、人々の営みによって「現実」が生み出されること、その営みは個人的・

内面的なものであるよりは、社会的・コミュニケーション的なものであることが強調される。さらにこの基本前提からは、現実が言語的に構成されるという認識、それゆえそういった現実の一つである「自己」や「治療」もまた社会的かつ言語的に構成されるという認識が引き出されることになる、と野口は論じている。

同じく社会学者である中河伸俊は、社会問題の研究というもう少し限定された文脈に即してではあるが、社会構成（構築）主義の立場を次のように要約している（中河［1999］）。

これまでの社会学は、社会問題の客観的実在（何らかの社会問題が問題に関わる様々な人たちとは独立にたしかにそこに「ある」ということ）を前提にして研究を進めてきたのであるが、このようなアプローチにはつねに原理的な問題がつきまとう。すなわち、「社会問題」が「ある」ということや、それがどのようなもので「ある」のかということを同定するための適切な手段を社会学者がもち得ないという問題である。これに対して社会構築主義的研究はそのような客観的実在を研究の対象からはずし、ある状況を「問題」だと考え、それについてクレイムを申し立てている人々の活動へと研究関心をシフトさせた。いわば社会問題を、客観的に「そこにある」ものと見なすのではなく、むしろそこに参加する人々の活動の連鎖としてとらえ直そうという提案である。中河は次のように言う。

そうした活動は、いいかえれば、ことばと解釈に依拠して営まれる人びとのやりとり

〈相互行為〉なのであり、そして、クレイムを申し立てているのは、何者か、それはどんなクレイムなのか（そもそもそれはクレイムとして了解可能か）、その場がどんな場面なのかという私たちの記述と考察の対象の基礎的ユニットの輪郭は、このやりとりの中で紡ぎ出されていくものである。（中河［1999: 35-36］）

言葉や意味解釈、またそれと表裏一体となる相互行為。それら基本的な点で中河の議論もまたガーゲンや野口の議論と多くを共有している。(8)

さて少々長く（かつ教科書的に）なってしまったが、以上の紹介から構成主義のおおよその輪郭をつかみとってもらえただろうか。ガーゲンが言うように構成主義的な諸研究の間にも様々な色合いの違いがあり、それらを簡単にひとまとめにしてしまうことは難しいのだが（例えば中河は、徹底した構成主義の立場から従来の「構成主義的感情研究」に対して批判を展開しているし、社会問題の構成主義自体がエスノメソドロジーの批判をうけて分派していった様子を整理してみせている）、四人の説明からあえて強引に共通点をつかみ出すなら〈現実は客観的に存在するのではなく、言語をなかだちにした人々の相互行為を通して構成される〉とみる立場がそれであるといっておくことができるだろう。

ここでいう現実とは「現実」として通用しているありとあらゆるものを指すのであるか

ら、本書の主題である「自己」もまたそうした現実の一つに含まれることになる。とするなら構成主義の視点に立った「自己」の理解は――三段論法にしたがって――ごく単純に引き出され得る。すなわち、〈「自己」とは言説に媒介された相互行為を通して構成される〉という理解がそれである。(9)

ここで思い出してほしいのだが、前章で整理した物語論的アプローチの第一の要点は、「対他関係は物語を通して自己を生み出す」というものであった。もし「物語」を「言説」に置き換えることができるとすると(実際しばしばそのような置き換えが行なわれているのだが)、この命題は、〈「自己」は、物語(言説)に媒介された対他関係(相互行為)を通して生み出される(構成される)〉と置き換えられることになり、構成主義の自己論とほぼ同じ内容のものとなる。このことが意味しているのは、もし物語論をこの一つ目の点だけで理解するならば(そして「物語」という言葉を「言説」というそれと交換可能なものだと考えるとするならば)、それは構成主義と大きくは違わないものになるだろうということだ。実際、右で見た野口の論文は『ナラティヴ・セラピーの世界』という論文集に掲載されたものであり、そこでは、タイトルからもわかる通り、構成主義と物語論とが互いに重なり合うものと理解されている。(10)そして、このような理解は前節でみておいたように、他の領域でも広く見られるものである。

さて、ここで確認しておきたいことは二つある。一つは、前節でみたような構成主義＝

物語論という理解の仕方が、必ずしも根拠のないものではないということだ。というのも、いま見てきたように物語論を第一の認識だけに限定して捉えるならそれは構成主義的な見方と大差のないものになるからだ（例えば第三章で確認したように、家族療法の物語論においてアンダーソンらが占めていたのはそのような立場だ）。だが、もう一つ、これを裏返して、第一の認識に限定するのでなければ物語論と構成主義の間には大きなずれが生じてくる可能性があるということ、このことに注意を払っておかなくてはならない。例えば家族療法家のシュニッツァーは、「物語」と従来からある他の似た概念（ケリーの「構成」概念、ペンの「前提」概念など）を比較し、前者を採用する理由を次のように述べている。

これら従来のタームは、『物語』がするような洗練された構成――つまり異質な諸要素を一貫した全体へと織りあげること――を含まない。……さらに特徴的なのは物語というタームのメタフォリカルな性質、すなわち体験の中でも接近の比較的困難な諸側面を呼び出し、明らかにするというメタファーとしての能力だ。（Schnitzer, P. K. [1993: 443]）

シュニッツァーの問を言い換えて、こう尋ねてみることができる。「物語」と（従来からあるよく似た概念の）「言説」とは同じものなのだろうか、と。彼があげている二つの点、すなわち〈異質な諸要素の全体性への変換〉（「洗練された」構成と表現されたような）およびメタファーとしての能力〉は、〈言説に媒介された相互行為による現実構成〉というキャッチフレーズをはみ出す何かを暗示してはいないだろうか。そしてそれは物語がもつある種の力を示唆してはいないだろうか。

3 構成主義のパラドクス

では「自己」を見る際に、構成主義的なアプローチと物語論的なそれはどこでずれてくるのだろうか。そのことをはっきりさせるために、構成主義的な自己論に含まれている独特の奇妙さについて考えてみたい。この奇妙さは突き詰めていえば、「自分が自分について語る」という構造が引き起こすものであるが、これを二つの側面から眺めてみよう（この二つの側面は、結局は同じ一つの事態の二側面であるのだが）。

(1) 語る自己についての奇妙さ

奇妙さの一つ目の側面は、「自己」を構成しているのは誰であるのかという点に関わっている。

ほかの様々な対象（「現実」）と違って、「自己」というのは自分自身について語るものでもあるから、「自己」を構成する相互行為のなかには当の「自己」自身も語り手（構成の担い手）となって参加している（逆に例えば「机」は、「机」を構成する相互行為に参加者として登場することはない）。自己は自分自身について様々な他者たちと語り合いながら、自らを構成していくのである。その意味で、「自己を語ることが自己という現実を構成する」（野口［1999: 22］）という野口の言葉は構成主義の視点に立った自己論の簡潔な要約であると言ってよい。

けれども、このとき自分自身を〈語っている＝構成している〉のはいったい誰なのだろうか。この問いに対しては、語りが自分自身についてのものである以上、自分が何者であるのかについてすでに何らかの了解をもっている「自己」が語っているのだと答えるほかあるまい。そうでなければそもそもその語りが自分自身についてのものであるとは言えなくなってしまうからだ[11]。したがってこの間の事情を詳しく言い直せば〈自己が自己自身について語ることによって自己を構成する〉というようになるはずである。そうすると順序としては、「語る自己→語り→自己構成」となるはずであり、「語る自己」は、「語り」や「自己構成」に先だってすでにそこにいたことになるのではないか。そうするとここには奇妙な循環がある。すなわち、構成主義の見解によれば一方において「自己」とはそもそも語られることによって構成されるのであるが、他方において、自己物語が語られるためには「語り」に先だって語り手である「自己」がいるのでなくてはならない。

もちろん、すべての現実は構成されたものだという構成主義の見方からすれば、構成に先立つ（したがって構成されていない）自己などというものを認めることはできるはずがない。したがって、その「自己」もまたそれに先立つ何らかの語りによって構成されているのだ、と説明することになるだろう。けれども、当然この先立つ語りについても右で見たような「誰が語っているのか」という問いを投げ掛けることができるし、これは「自己」と「語り」の関係をどれほどさかのぼってみても同じことである。このようなきりのない問いかけを免れるためには適当なところで問いを止めてしまうほかない。それ以上遡って問うのを止めるということは、その止めた段階での「自己」を所与の前提、それ以上遡れない起源の点（この場合自己物語の起源となる点）にすることを意味している（だからアンダーソンらの会話的アプローチは、個人の「主体性 agency」を強調することになる）。つまりそれは、現になされている「語り」がそこから生じて来る「源」のようなものとなり、あるいは、その語りがたしかに語り手自身に関するものであるということを保証するための（それ自身は語りの外部にある）基準のような働きを担うことになるのである。

例えばガーゲンらは、「自己」という現象の固有性をそれが反省的・再帰的である点、すなわち自分で自分を形成するものである点にあると論じており、そしてその点を捉えるためには、自己が自分自身について語る物語（自己物語）に注目しなければならないと主張している（Gergen, K. J. & M. M.［1983］［1984］）[12]。もし反省性や再帰性をそれほどまでに強調するのなら、「語る自己」が同時に「語られる自己」でもあるのはどのようにしてなのかということが問われなければならないはずなのだが、彼らの分析はこの点についてはまったく触れることなく、もっぱらその「語り」がどのような筋立てをもつのか、また、それが他者との間でどのように働くのかという点にむけられる。というよりもむしろ、前者の問いをあえて考えないことによって（問いを止めることによって）、後者の問いを考えるための足場を得ているという方が適切である。語られた自己物語の「内容」や「機能」に着目するためには、それを語っているものについての問いはとりあえず（しかし実は永久に）棚上げしておくほうが都合がよいわけだ。

ディレンマはこうして敢えて見ない（盲点とする）ことによって回避されている。そしてこの盲点は理論家だけのものではない。自己物語を語りつつ自己を構成している当の本人にとってもまた、語りに先立つ「自己」はあまりにも当然なものとして前提されているからだ[13]。

以上の議論を一読して、現実から遊離した抽象論ではないかと思われたかもしれないが、決してそうではない。例えば、テレビで「多重人格障害」についての特集番組を放映すると翌日の精神科外来には自分自身を「多重人格だ」と主張する来訪者が激増するのだという。[14]またアダルトチルドレン関連本のヒットによって全国に自らをアダルトチルドレンだと語る人々が数多く現れたことは記憶に新しい（香山リカ［1999］、森真一［2000］）。このとき「私は多重人格です」「私はアダルトチルドレンです」という彼らの語りは、いったい誰が語っているのであろうか。構成主義の見方からすれば、そのような語りによって（正確に言えば、その語りを通して他者と相互行為することによって）彼らの「自己」は構成されるのだ、ということになるだろう。この見方がまちがっているわけではないし、その説明だけをみれば何の不思議さも残されてはいない。けれども、それではこの説明の外側に取り残された「語る自己」とは何者なのだろうか。他者（この場合はメディアという他者）の語りが反復される場所であるような自己、他者がそれを通して語るような自己、他者の語りであることによってはじめて自己を物語り得るようなそういう自己。端的にいえば他者であることによって自己であるようなそういう奇妙な自己。これはいったい何者なのだろうか。

語る自己を盲点とすることによって構成主義的自己論が回避しているのはそのような問いなのである。逆に言えば、このような盲点によってはじめて構成主義的な説明は完結し得るとも言えるだろう。

(2) 語りの時間についての奇妙さ

同じことを「語りの時間」という側面からみることもできる。

自己物語というのは、自己が何者であるのかをこれまでの人生に起った様々な出来事を語ることによって明らかにすることであるから、単なるエピソードの羅列以上のもの、時間軸にそって選び出され組み合わされた（構造化された）諸出来事のまとまりが語られるのでなければならない。そのような意味で、例えばガーゲンは、このような通時的な（時間の流れにそって見るような）視点を持ち込むことが、これまでの共時的な（ある一時点だけを取り出して見るような）自己論に対する自己物語論の利点であると論じているのである。自己構成とは時間軸を含むような構成である、というのが構成主義的自己論の見方であるといってよいだろう。

けれどもこの語りの時間の流れが、語りの内容の時間とは逆向きに流れているということに注意してほしい。例えば、「幼児期に親から様々な虐待を受けた」という体験から語りはじめ、いま現在、「自分の子どもを虐待してしまっている」という悩みにいきつく語りの場合、語りの内容の時間は過去の虐待から現在の虐待へという方向で流れているが、語りそのものの時間はむしろ現在の虐待について語ろうとして過去の虐待に遡っている。[15] 一般化して言い直せば、物語の流れが過去から現在へと向かっているのとは逆に、語りの時間は語っている現在から過去へと遡っていくのである。

このことが意味しているのは、語り手は自らのことを語りはじめるときに自分をどのようなものとして構成するのかをある意味ではすでに知っているということだ。もちろんどんな場合でも語り手が思っている通りに構成が進むとは限らない。というのも、構成主義者たちが強調するように現実構成は複数の人間の間で行われる共同作業であるからだ。語り手が思い描いていた自己像は、他者との交渉のなかで様々な修正を受けて、最初に考えていたのとは異なった「自己」が結果として構成されることになるかもしれない。だが、そのような場合であってさえも、自己を語りはじめるその瞬間に、語り手がすでに自分を何者かとして構成してしまっており、その意味で語りはじめる前に自己構成がすでにある意味でなされてしまっているのである。

考えてみればこれはあたりまえのことではある。どんな自己語りにせよ、それは自己を呈示しようとするものであるから、呈示したい自己がある程度想定されているのは当然のことだ。例えば鮎川潤は構成主義の視点から、ある「いじめ自殺」事件をとりあげ、自殺した中学生の親がどのようにして自らを「被害者」として構成したかを分析している（鮎川［1996］）。（自殺した中学生が通っていた）学校側からの対抗クレイムを考慮すれば、「親もまた子供を自殺に追い込んだ加害者の一人であった」という構成も可能であったはずなのだが、にもかかわらず、メディアを通して流布された物語は両親をその子供同様被害者であるとするものが主流を占めた。この場合、親が（そして諸種のメディアも）自らを語る際にすでに自分が被害者であるという結論から、物語を組み立てたことは明らかである。

問題はこの「すでに」という時間のあり方だ。

ことの順序を整理すると、〈すでに自己構成した語り手→他者への語りとそれに伴う相互行為（自己構成）→構成された自己〉となるはずであるが、構成主義的な自己論の関心はこの過程の後半部分（〈他者への語りとそれに伴う相互行為（自己構成）→構成された自己〉）の部分にあるので、それに先立つ〈すでに自己構成した語り手〉は問いの範囲外におかれているのである。いわばそれはあまりにも当たり前のことなので、あえて問われていないわけだ。そこでは語り手である自己は、すでに一定の目的をもつ合理的な主体として前提にされている。しかし自己の成り立ちそのものを問題にするということはまさにそこを考えるということではないのだろうか。「すでに自分を知ってしまっている」という形でなりたつ自己、「すでに……してしまっている」という先取りの時間においてなりたつ自己。それは何者なのだろうか。

他方、そのような〈すでに自己構成した語り手〉というものも、それ以前の相互行為において構成されてきた自己像が積み重なってそこにあるのだ、という見方もあるだろう（例えば片桐［2000］）。そのような見方からすれば、〈すでに自己構成した語り手〉もまた〈他者への語りとそれに伴う相互行為（自己構成）→構成された自己〉という順序で構成されたものであり、当然、構成主義の問いの枠のうちにあるということになる。だがどこまで構成をさかのぼっても、構成が「自己」に関わるものである限り、この先取りは原理的につきまとう。[16][17] 現に進行しつつある構成のその外側に「すでに」という仕方で自己は姿をみせているのである。

ここまで「語る自己」のありかたと「語る時間」という二つの側面から構成主義（の奇妙さ）を眺めてきたが、それらはいずれもひとつの問題、すなわち自己構成が自己言及であることのあらわれである。自己自身を構成するということは、自己が自らを構成するということであり、構成の前提が、構成の結果として現れてくるということだ。構成の前提（構成する「自己」）と構成の結果（構成された「自己」）との間には必ず決着のつかない循環の関係があらわれる。「決着がつかない」というのは、この循環を解消して、自己の成り立ちにしっかりした基盤（構成されたものではなく、構成するものでしかないような純粋に主体的・能動的な「自己」）を与えようとしても、それは無理だということを意味している。[18]自己の成り立ちにはなんの根拠も土台もない。それにもかかわらず、人々が自分自身の「自己」に疑いや不安をもつことなく日常生活を送っているとすれば（そしてまた研究者の方もそのような安心や信頼を自明の前提として問いの対象からはずすことができるとすれば）、この循環や根拠のなさは何らかの形で解消されたかのように装われているということだ。

注意してほしいのは、これ（循環や根拠のなさ）は「自己」が実体や本質ではなく社会関係の所産なのだ、と言おうとするものではないということだ。そのようなこと（実体から関係へ、本質から社会的相互作用へ！）であれば、構成主義を名乗る理論家が何度も繰り返しいっていることだ。そのような意味での土台のなさはたいしたことではない。なぜなら構成したり、前提を協議したりする可能性をそれはすでに先取りしてしまっているからだ。問題はその可能性がどのように確保されるかということにこそある。バーが強調したように構成主義は「実体」や「本質」という考え方を放棄し、一見自然で自明であるように見えるものも、歴史的な文脈のもとで社会的諸関係の一端としてなりたっているということを強調する。[19]その結果、どのような「現実」も時と場所によって変わってしまうという意味で、相対主義的な不確かさが見いだされることになるだろう。けれどもここで「根拠も土台もない」といっているのは、そのような〈実体—関係〉あるいは〈超歴史的—歴史相対的〉といった構図とは異なった文脈でのことである。つまり、実体を関係へと解きほぐしたその上で、関係が自分自身に関係するような関係（すなわち「自己」）の場合、そこには構成するものと構成されるものとが循環し、どこにも着地点を見いだせないまま宙づりにされてしまうという独特の根拠のなさが姿を現してくる。物語論的アプローチが対象としているのは、そのような関係への解きほぐしから生じてくる不安定さを差し引いた上で残ってしまうような「不確かさ」「不安定さ」を、人はどのようにやり過ごしているのかということなのである。[20]

4 物語論とパラドクス

前節で見てきた通り構成主義的なアプローチは、「自己」の成り立ちについてもっとも肝心な点を取り逃がしてしまう。というよりも、その点を盲点にしておくことによって、人々のあいだの現実構成作業をうまく見通せるようにしているというべきかもしれない（そしてこの見通しうる地点にたっている限り、人は安んじてこういうことができる、「見なさい、すべての現実は社会的に構成されているのです」と）。ここで盲点になってしまう部分と見通している部分は、それぞれ物語論的アプローチの二つの認識に対応している。すなわち構成主義がよく見通しているのは〈対他関係は物語（言説）を通して自己を生み出す〉ということであり、他方、盲点としてしまっているのは〈対自関係はパラドクスであり、自己物語はそれを前提にすると同時に隠蔽する〉ということである。したがって物語論的アプローチを構成主義と同じものであると考えてしまうと、二つ目の認識に込められた物語論独自の貢献を見落とすことになってしまうだろう。

あらためて確認しておけば、「自己を語ることが自己という現実を構成する」という構成主義の見方はそれ自体としてはまちがっていないし、物語論もそれを共有するものだ。問題は、このような見方を受け入れた上で、そこで前提となってしまっているものにも目をむけるかどうかということなのである。前提となってしまっているものとは、すなわち自己物語のもつ自己言及・自己準拠の構造であり、そこから派生する対自関係のパラドクス（そしてそれらがみえなくなっていること）である。そもそもその点を問題にするのでなければ、なにも物語ということばを用いる必要もあるまい。単に「言説」や「構成」といった言葉を用いればそれですむのであるから（実際多くの構成主義者はそれですませている）。もし「物語」という語が単なることばの遊び以上の、実質的な意味をもつものであるのなら、それ独自の理論的な意義を示すことができるのでなければなるまい。ではその独自な貢献とはいったいどのようなものであるのか。

物語論を構成主義から分けているのが先にあげた二つ目の認識であるとするなら、この問いは次のようにも言い換えられる。（1）「語り得ないもの」は、自己の成り立ちに対してどのような関係にあるのか、また、（2）物語論的アプローチは「語り得ないもの」をどのように問題化するのだろうか、と。

(1)「語り得ないもの」は、自己の成り立ちに対してどのような関係にあるのか

まず一つ目の問いについて考えてみよう。

繰り返しになるが物語論的アプローチは、自分自身について物語ることを通して「自己」が生み出されると考える点（一つ目の認識）で構成主義の見方と重なりあっている。

けれども構成主義とはちがって、それは、「自分自身について物語る」という営み（自己物語）の奇妙な構造に十分な注意を払おうとする。この営み（語り）は形式的にいえば自己言及・自己準拠であり、すでに見てきたとおり、語りのたしかさを保証する視点がその語り自身の内にしかないために、物語全体のたしかさをたえず宙づりにしてしまうようなものだ。物語療法で「ユニークな結果」とよばれるエピソードがそうであったように、どのような自己物語もその中にその物語全体のたしかさを宙づりにし、そのほんとうらしさに疑問符をつけてしまうような一種の「穴」を含みもっているのである。このような「穴」があるために、人は自分自身について「たしかな」物語、「完全な」物語、あるいは「決定版」の物語を語ることはできないし、したがって自己物語を語り終えてしまうこともできない。自己物語が完結することはその内側から阻まれている。このような物語の「穴」の存在、そしてそれによって物語の十全な完結や完成が阻まれているという事態、これを「語り得ないもの」とよぶことにしよう。先に奇妙な構造といったのは自己物語のこのような「語り得なさ」を指してのことである。

けれども構成主義がこのような「語り得なさ」を視野の外に置いてしまったことにもそれなりの根拠はある。というのも、日常生活のなかで多くの人々がそれを視野の外に置き、あたかもそのような問題はないのだというようにふるまっているからだ。[21] 人々はさしたる疑問ももたずに自分について物語る。そして他者との相互行為（それはときとして鋭く敵対し合うものともなりえる〉の中で自分の物語にリアリティをもたせることに心をくだき、そのために様々な工夫をこらすことだろう。けれども、そこにあるのは〈自分の物語が他者には受け入れられないかもしれない〉という不安であって、「語り得ないもの」によって物語それ自体が内側から宙づりにされてしまうことへの不安ではない。むしろ後者の不安を忘れることによってはじめて前者の不安が問題として浮上してくるのである。(22)

構成主義の視点からすればそれは、語られ得ないがゆえに、構成されておらず、したがって「現実」ではないということになるかもしれない。けれども、語られてはいないが、それはきわめて現実的である。もちろんそれが〈言説に媒介されつつ社会的に構成されている〉という意味でそうなのではなく、彼・彼女の他の現実構成全体を非常に強くとらえてしまっているという意味でそうなのである。例えば家族療法の物語論で、ホワイトとエプストンは、生きられた経験と、語られた経験という二つの経験を区別していた（第三章参照）。後者が「構成された現実」に対応するものであるが、家族療法家のもとを訪れる人々の場合、それが前者によってつまずかせられてしまっているのである。それは、語り得ないが現実を強くとらえ、そこに痕跡を残す。あるいは戦争、レイプ、大事故、大規模災害のようなトラウマ的体験にさらされた場合、本人はそのことをすっかり忘れているにもかかわらず、それが「現実」の生活に様々な支障をもたらすこともある（Hermann, J. [1992＝1999]）。ここにもまた、語られてはいないがきわめて現実的な効果をもったなにかがある。[23]

だからこう考えることができる。自己物語が自己準拠・自己言及の形をとらざるを得ない以上、どのような自己物語も「語り得ないもの」を必ず内側にもっている。だがそれと同時にこの「語り得ないもの」は何らかの形で忘れ去られている、と。ルーマンにならって、この「語り得ないもの」を「パラドクス」、その忘却を「脱パラドクス化」とよぶならば、自己物語とは、一方ではパラドクスを前提にして成り立っていながら、他方ではそれを通して脱パラドクス化が起こるひとつの方法でもあると考えることができる。もちろん「忘却」とは「解消」とは異なる。脱パラドクス化とは、パラドクスをなくしてしまうことではなく、さしあたってやり過ごすことにすぎない。「語り得ないもの」は自己物語の中に潜在し続け、いつでも物語にひびを入れかねない脅威であり続ける。

「語り得ないもの」が自己の成り立ちに対してどのような関係にあるのかという一つ目の問いに対する、これが答えとなる。そして構成主義的アプローチが自己物語について十分に見通していないのもこの点だ。構成主義の視点は、すでに脱パラドクス化が首尾よく行われてしまったあとの地点におかれている。だから、まるですでに語り手が存在しているように、あるいは語りの内容がすでに知られているかのように語りはじめることができるのである。結果、構成主義の主要な論点は複数の自己物語の間の諸関係（協力や争い等々）、そこに働く力の作用をみることにもっぱら収斂していくことになる。だが物語論的アプローチは物語の間ばかりではなく、物語の内部に働く隠蔽や忘却の力もまた問題化しようと試みるのである。

(2) 物語論的アプローチは「語り得ないもの」をどのように問題化するのか

自己物語がパラドクスを前提にし、かつ隠蔽(脱パラドクス化)するものであるとして、では、物語論的アプローチはその隠蔽の仕組みをどのようにとらえるのだろうか。これが二つ目の問いである。これに答えるために、まずは多種多様な「言説」の中で「物語」というそれがどのような独特の構造をもっているのか、それをもう一度確認しておく必要があるだろう。[24]「物語」はおおよそ次の三点で特徴づけられるような語り方を指すのであった。

第一に物語を語るという行為は、その語り手の視点とは異なるもう一つの視点＝登場人物を創り出す。ヤングの言い方を使えば、物語は二つの世界、二つの視点が交差する場所なのである。すなわち一方には、語り手の所属する「物語領域 story realm」があり他方には語りの主人公が活動する「物語世界 tale world」がある。物語領域において人は誰かに物語を語り、その物語世界の中で登場人物にとっての世界が展開されることになる。自己物語の場合、語り手と物語の主人公が重なり合っているので、「自己」は物語領域と物語世界とに同時に所属している。つまり自己を物語るということは、その自己を二つの世界に同時に所属するような状態へとおくことになるのである。

第二に物語は――構成主義でも強調されてきたことだが――始点・中間・終点というように時間軸に沿って構造化されており、この終点を納得のいくものにするように始点・中間に起こる様々な出来事を選択的に配列している。選択の基準は結末を納得のいくものにできるかどうかということであるから、物語の結末こそが、始点やそこから次々と連鎖していく様々な出来事（そしてそれらの間の諸関係）を選び出す基準となっているのである。自己物語の場合、終点＝結末とは現在の（あるいはそこから延長された未来の）自分であり、これを納得のいくものとするために（あるいはしばしばそれを正当化するために）過去の様々な出来事や体験が選びだされ、関連づけられる。だから自己を物語るということは、現在の自分を先取り的に何者かとして同定し、その上で過去の自分を作り出すことなのである。

第三に物語はつねに他者に向けて伝達されることをめざす。というのも語られた構造の全体が結末を納得のいくものとして導き出しているかどうかは、最終的にはそれを聞いた他者がその物語を受け入れてくれるかどうかによって判断されるほかないからだ。その物語によっては納得しない可能性のある他者――というよりも、納得しないかもしれないというその偶有性こそが他者を定義するのだが――を、それにもかかわらず納得させたという事実がその物語をリアルなものとする。自己物語の場合も、語られた物語が自己についての適切な語りであるかどうかは他者の受容をまってはじめて決まってくる。

これら三点は、第一点と第二点とが自己物語のパラドクスを表現しており、最後の点がそれらを脱パラドクス化するという関係にある。すなわち、まず第一の点が意味しているのは、語り手でありながら登場人物でもあるという二重の視点、つまり自己でありながらかつ他者でもあるような視点が語り手のうちに生じてしまうということである。また第二の点は、物語の結末があたかもその始点からある必然的な筋道をたどってたどり着くものであるかのようにみえているにもかかわらず、実態としては始点（過去）こそが結末（現在）によって設定されるということである。いずれも自らが前提としているもの（語る自己・現在の自己）がその結果（語られる自己・過去の自己）と一致してしまうこと、そのため両者が自己準拠的な循環となってしまうこと（語る自己→語られる自己→語る自己→……）、そういったことを表現している。すぐ気づかれるように、これは前節でみてきた構成主義の奇妙さにちょうど対応するものだ。三つ目の点がどのようにこれらを脱パラドクス化しているかはあとでみるとして、まず確認しておきたいのは、自己物語がこのように自己言及・自己準拠の問題を物語の構造の内に吸収し再定式化するものだということである。

もともと自己言及の問題が生じるのは構成する自己（語る自己）と構成される自己（語

られる自己）とが重なり合ってしまうからであった。だからこの問題が解決されるためには、同じ（自己＝自己）でありながら、同時に異なってもいる（語る≠語られる）という奇妙な状態が作り出されなければならない。自己物語とは、物語の構造を利用してこの奇妙な状態を暫定的に実現する手だてであると考えられる。この手だての要となるのは、この奇妙な状態を実現するために「自己」を二つのやりかたで異なる場所に置くことである。すなわち一方では「物語領域」と「物語世界」、他方では「現在」と「過去」と。こうして自己物語は、自己言及・自己準拠のパラドクスを物語という語りの構造に吸収した上で、同じ「自己」を異なった場所に配置することによって、同じでありながらも違うという奇妙な状態を実現しているのである。(25)

構成主義はしばしば「自己」が構成されたものであるということを指して「フィクションである」という言い方をしてきた。そこからはフィクションが別のフィクションと競合状態にあるという結論が引き出されてくるだろう。けれどもそれよりも前にこうしたありそうもない奇妙な状態が前提になっているという意味で、自己はフィクションであるというべきなのである。これまでにも「物語」をキーワードに使う理論家たちは、物語を仮定法的な状態の導入なのだと指摘してきたが、(26)この仮定法的な性格は、ここで「フィクション」や「奇妙な状態」と呼んだものに関わっている。自己物語は、時間の軸（現在／過去）と語りの軸（語る／語られる）を用いて、ひとりの自己を別々の場所へと分離するわけだが、この隔離は現実の自己からは間接化された、それゆえ様々な可能性を試すことのできる空間を開く。この空間の中では自己は、「こうでありえたかもしれないもの」「あのときこうしていたらこうなっていたかもしれないもの」という、いわば書き換えが可能な姿で現れてくる。そしてその書き換えが現実の自己から大きく遊離する場合には、それは（単なる仮定法的世界であるばかりでなく）「反実仮想」あるいは「仮定法過去（完了）」の世界となるであろう。こうして自己は、自己物語を通して自分自身の内に（あるいは上に）現在と過去とを、また可能性と現実性とを折り重ね、重層的に成り立っているのである。[27]

だがこのようなフィクションが成り立つためには他者の関わりがどうしても必要となる。これが三つめの点だ。

ここで他者が果たす役割を三つに分けて考えることができる。ひとつには「自己」が自分自身を外側からみるための視点、すなわち「語り手」の視点を提供することだ。「語る自己」と「語られる自己」との分離は、他者の視点を自己のそれであるとしていわば偽装することではじめて可能になるのである（その意味では、語る自己はしばしばすでに他者によって占拠されているともいえる）。二つ目は、自己の「現在」と「過去」がたしかにつながっているということの証人になることだ。「現在の自己」と「過去の自己」とが違っていながらも最終的には同じ自己であるということは、「客観的な」事実によって確かめられるのではなく、それを認め証言する他者の応答によってはじめて可能になる。そして最後に、他者はこれら二つの役割を見えなくする。他者は自己物語を聞き届ける相手となって、その物語を承認したり否定したりあるいは修正したりする編集作業に参加するのであるが、これを通して行われているのは編集の前提となる「自己物語」をすでにそこにあるテクストとして認めること、したがってそもそもそのテクストに他者が関与しているということを忘れ去ることだ。つまり上で見た他者の二つの役割は見えなくなっていなければならない。構成主義はしばしば自己物語が他者との共同作業のなかで生み出され、また書き換えられていくことを強調するが、物語論的アプローチはその「共同作業」を以上のようにとらえなおすのである。

こうして「語り得ないもの」は、他者の助けをかりて自己物語の内に吸収され、暫定的に回避される。この暫定的な回避の期間は、他者との共同作業が続く限りにおいて延長されるものだが、必ずしもそのような回避がいつでもうまくいくというわけではない。それは物語に吸収されることなく、あるいは物語を無効化して、姿を現すことがある。最後にこのことを物語療法のケースに即してみておこう。(28)

以下、ワインガルテンとコッブのケースからの紹介である（Weingarten, K. & Cobb, S. [1995]）。クライエントは、五五歳の女性スーザン。最初はワーカホリックの夫への不満を訴えて来訪したのだが、この件はいちおうの解決をみていったん面接は終了した。その二年後に、今度は「混乱している」「気が変になりそう」という訴えで再来。その面接の途中で、姪がスーザンの兄から性的虐待を受けていたことを明らかにしたというエピソードが語られた。これをきっかけにワインガルテンは、家族の中での虐待についていくつかの質問をスーザンに向けてみた。すると他にも同じような性的虐待の事例が語られると同時に、スーザン自身についてこれまでの面接では語られることのなかったいくつかのことがら（キスへの嫌悪感、麻痺、週に数度の悪夢等）が語られはじめた。彼女はこの時点からひどいうつに悩まされるようになるとともに、自分が幼いころ父親から受けた性的虐待についての記憶を取り戻しはじめる。

やがて記憶がある程度回復してくると、スーザンは母親に虐待の事実を知らせたいと申し出た。ワインガルテンは、いまの段階でそうすることがあまりよい結果を生まないだろうとの判断を伝えるとともに、それに代えて母親に手紙（実際に出すわけではなく）を書いてみてそれをいっしょに検討してみることを提案した。一週間後スーザンが書いてきた手紙に対して彼女たちは共同で以下の三つの点について検討し、性的虐待についてのスーザンの語りがもつ物語上の弱点を分析していった。

①　スーザンの語りは十分に一貫しているか？

プロットが一貫していない物語は十分な説得力をもち得ないのだが、スーザンの語りのプロットはいまだ断片的なままであった。例えば、彼女は自分が赤ちゃんのときからずっと父親に虐待されてきたと語りながら、他方で、五歳以前の記憶がないとも語っている。また一〇歳から一二歳のあいだ不眠症になったが、その間父親は夜中に忍び込んではこなかったと語ってもいる。さらに、父親の動機についてなにも語ることができなかったのに対して、母親については非難するというちぐはぐさも見られた。

② スーザンの語りは十分に閉鎖的か？

物語が閉鎖的であるというのは、同じ事柄をほかの仕方で理解することが難しいということであり、逆に言えば、閉鎖的でない物語は別の語り方と競合したときに十分な説得性をもつことができない。スーザンは、自分がだめになったのは父親に性交渉を強要されたためだと語っているが、この語りはいまだ十分閉鎖的とは言えないだろう。というのも、例えば、そのような体験をしていなくとも自分はだめだと思っている人はたくさんいるではないか、という反論があり得るからだ。また、偽記憶がセラピストによって引き出されることがあり得るという最近広まりつつある見方もスーザンの語りを異なった解釈にさらすことになるだろう。

③ スーザンの語りは十分に他者の語りと相互支持的か

自己物語は、他者の物語と相互に支え合うときによりいっそうの説得力をもつことができる。けれどもスーザンの語りの重要な登場人物である母親は、その物語の中ではもっぱら非難されるべき人間であると描かれており、そのままでは母親自身の物語によって支持される可能性は非常に低い。むしろ母親からの防衛的で否定的な反応を引き出してしまう可能性のほうが高いだろう。

このような物語論的分析を踏まえて彼女たちは、スーザンの虐待の語りをもう少し洗練させ、より母親の支持を得やすいものへ変えていくことに当面の課題を絞ったのであった。(29)

スーザンの語りの中に見いだされたこのような弱点(一貫性、閉鎖性、他の物語との相互支持性の欠如)は、自己物語の語り得なさが回避されきらず、物語のただ中に姿をみせたものと考えることができる。これらの弱点の背後には、無論、性的虐待というトラウマ的体験がある。その体験はこれまで感覚的記憶の上に(そしてもちろん様々な症状のうちに)明瞭な刻印を残していたものの、スーザンの言葉には登録されないまま、うまく物語り得ないものとなって彼女につきまとってきた(ホワイトやエプストンの言う〈語られてはいないが生きられた経験〉)。それゆえ、その体験は、得体の知れない、不定形の悪夢のような姿で現れてくる(実際彼女の——彼女に限らずトラウマ体験に苦しむ多くの人々の——症状の一つは執拗な悪夢であった)。セラピーが進み、少しずつ記憶が取り戻されて語られはじめたときでさえ、その語り得ないものは、上で見たような弱点として痕跡を残さずにはおかなかった。ワインガルテンの治療的介入は、まさにこの痕跡に照準して、その亀裂を縫い合わせ、語り得ないものを物語構造に吸収していこうとするものである。このように過酷な体験によって受けた傷を「トラウマ」と呼ぶならば、それは「語り得ないもの」のひとつの典型である。(30) この場合「語り得ない」というのは、一つにはその体験を物語る対象として突き放してみることができないということであり、もう一つには、その体験を過去のこととして切り離してみることができないということである。つまりトラウマ的体験は物語の構造に吸収されきらず、語る私と語られる私、現在の私と過去の私とが短絡的に重なり合ってしまい、ショートさせられてしまう。その意味でそれは語り得ないものの一つの例である。

けれどもここで注意してほしいのは、これが性的虐待というとほうもない体験をしたことから生じる特殊で例外的な事態であると考えるべきではないということだ。トラウマといっても、そもそもこの世に生まれてきたこと、見知らぬ他者と出会うこと、言葉を語ること、そういったほとんど誰にとっても避けられないことどもがすでにトラウマであるということもできる。(31) というのも、それらはすべて生の「意味」の前提でありながら、それ自体はけっして意味を付与され得ないものであるからだ。他の諸々の経験をきわめて強く規定しながら、それ自体は語り得ない経験であるというトラウマ的体験と同じ構造がそこにはある。人はありとあらゆるものを物語り、意味の網の目に織り込もうとするが、そのとき自分自身の足場になっているもの自体には意味が完全に欠けている。そしてそのことが忘却されている限りにおいて足場は足場たり得るだろう。自己言及のパラドクスとは、このような意味の欠如のもっとも基底的な形であり、したがってそれは忘却されるべきトラウマ的な体験なのである。

ここで先に引用したシュニッツァーのことばを思い出してもらいたい。物語論的アプローチを単なる構成主義から区別しているのは、彼の考えでは、〈異質な諸要素の全体性への変換〉および〈メタファーとしての能力〉であった。前者を、語りの視点の育成と過去への位置づけの援助に、後者を、その結果「自己」というフィクションが成立するということに対応させることができるのではないだろうか。いわばトラウマの忘却とそれによって生み出される自己とに、である。[32]

注

（1）　はじめに「構成主義」という言葉の使い方について確認しておく必要がある。「構成主義」はもともと翻訳語であるが、その原語には二つのものがある。一つは constructionism であり、もう一つが constructivism だ。同じ日本語に訳されているもののこの二つの理論的含意は大きく異なっており、前者が現実を社会過程において構成されるものと見なすのに対して、後者は人間の認知メカニズムが現実を構成すると考える。だから、現実が構成されたものであり、相対的なものであるという点で両者の考え方は一致しているのだが、その構成の行われる主たる場所をどこにおくかという点では大きく違っているのである。すなわち、前者は「他者との相互作用において」（人と人との間で）と考えるのに対して、後者は「人間諸個人の認識メカニズムにおいて」（人の内部で）と考えるわけだ。このことをはっきりさせるために家族療法の constructionism は、social constructionism（社会構成主義）と名乗ることが多い。本章が対象とする構成主義は前者である。なお、後者についてはグラザースフェルドや長谷川啓三を参照されたい（Glasersfeld, E. von. [1995]、長谷川編［1991］）。

他方、constructionism という言葉を訳す場合に、日本語の定訳も実は二つある。一つが「構成主義」、もうひとつが「構築主義」だ。後者はとりわけ社会問題に関わる研究から発達したもので、社会学においてはしばしばこの言葉が用いられる。そこには、例えば現象学的社会学のいう「構成」とは異なる意味合いをこめようとする意図があると思われる。例えば上野千鶴子は、竹村和子との対談で次のように発言している。

「まず用語法から言うと、社会構築主義という用語は、ほぼ社会学では定着しました。……元の英語はソーシャル・コンストラクショニズムで同じなんですが、ただそれは、ピーター・バーガーのような人達が使っていた社会構成主義に対して、ありとあらゆるものが言語によって構築されるという『言語論的転回』以降の社会構築主義です。」（上野・竹村［1999: 47］）

だが社会学以外の分野（例えば社会心理学や家族療法）も含めて考えてみると social constructionism は（ガーゲンがそれらを概観しながらしばしば強調するように）、その源流としてミード、ゴフマン、シュッツ、バーガー、ルックマン、キツセ、スペクターといったような人々をともに含むものとして受け止められており、それらの間の違いはあまり強調されていない。本章でもこの広い意味での constructionism を対象とするので、「構成主義」という訳語を採用することにしたい。

したがってここで扱う構成主義とは「(social) constructionism ＝（社会）構成主義」である。混乱が生じる恐れのある場合はそのつど注意を促すことにする。

(2) 例えば彼らの著作『家族とは何か』は、訳者解説にも見て取れるように、構成主義(構築主義)の模範的な業績であると受け止められている(Gubrium & Holstein [1990＝1997])。

(3) このような考え方をガーゲンは対応理論と呼び、自らの立場を関係理論と呼んでそれに対置している(Gergen [1986] [1990] [1994])。

(4) この点でガーゲンのいう構成主義は、注(1)で触れたconstructivismから区別されることになる。

(5) いうまでもなくこの命題は、しばしばウィトゲンシュタインに結び付けて語られる「語の意味とはその用法である」という発想をふまえている。

(6) ここには言説間の対立に関わる政治や倫理の問題が潜在している。構成主義が大きな運動になるにつれてガーゲンの関心はそのような政治・倫理・責任といった問題に移動してきているように思われる。

(7) ガーゲンの構成主義の要約は時期によって少しずつ違っている。例えば、一九九九年の著作の中では次の四つのテーゼを提示している(Gergen [1999: 47–50])。

①私たちが世界や自分自身を理解するための用語は「現に存在するもの」から要請されたり命じられたりしたものではない

②記述、説明そして/あるいは表象するための私たちの様式は関係から生じる

③私たちが記述し、説明し、あるいはそれ以外のやり方で表象するとき、それに応じて私たちは自分達の未来を作り出している

④私たちの理解の形式についての反省(reflection)は未来の幸福のために決定的に重要である

また、ガーゲンと同じく社会心理学をベースとする構成主義の理論家としてヴィヴィアン・バーの議論もごく簡単に見ておこう（Burr, V.［1995＝1998］）。日本ではこちらのほうがよく参照されているようだ。

彼女もまた、構成主義を厳密に定義することはとても難しいと指摘する。それどころか、構成主義者と呼ばれる理論家たちの全員が共通に持っている特徴といったものなどありはしない。彼らの間にあるのはいわば「家族的類似」のようなものなのであり、いくつかの（一つのではなく）共有点によって緩やかに結ばれているのである（「家族的類似」は、ウィトゲンシュタインの用語。家族が互いに似ていながら、それぞれの似ている点が互いに異なっている様子を指す）。具体的には、次の四つの特徴のうち、いくつかを共有していれば緩やかにではあるが「構成主義」と呼んでよいだろうと彼女は言う。

①自明な知識への批判的スタンス
すなわち、対象を客観的に観察できるという信念を疑い、世界が現にそう見えていることへの疑いを持つこと。

②歴史的・文化的特殊性の重視
すなわち「われわれが通常世界を理解するやり方、われわれが用いるカテゴリーや概念は、歴史的・文化的に特殊なものである」ということを念頭におくこと。

③知識と社会過程との連関の重視
すなわち「社会生活上の人々の日常的相互行為を通してこそ、われわれ版の知識は形成される」ということを研究の前提としていること。

④知識の社会的行為の重視

すなわち「世界の記述や構成はある型の社会的行為を維持し、他のものを排除する」という点に自覚的であること。

さらにバーは、伝統的な社会心理学に対する構成主義的なそれの特徴を次のように整理してもいる。1、反本質主義、2、反リアリズム、3、認識の歴史的・文化的特殊性、4、思考の前提条件としての言語、5、社会的行為の形式としての言語、6、相互行為と社会的実践への照準、7、過程への照準。

容易に見て取れるようにこの議論は、ガーゲンのそれとほぼ重なり合うものである。

(8) ちなみに中河は、ホルスタインとグブリアムの著書『家族とは何か』(邦訳)に付した解説の中で社会構築(構成)主義の立場を次のように簡明に要約している。

「社会構築主義から家族を見るとはどういうことなのかを一言でいえば、家族を、所与の、具体的で、固定したものではなく、人々の相互作用を通じて社会的に構築される現象として捉えることである。その際に、言語と現実は分離できないことを認識し、家族の現実とされるものは、ディスコースを通じて構築されることに着目する。すなわち、構築主義は、人々が家族を解釈する過程に焦点を当て、実践において何が家族と受け取られるかは、流動的で変化するものであることを示す。」(Gubrium & Holstein [1990＝1997: 333])

「家族」という具体的な対象に触れている点をのぞけば、強調されていることがらは野口の場合とまったく同じであることが見て取れるだろう。

他方、二人の議論の背景の違いにも注意しておく必要がある。中河の議論が、キツセとスペクターにはじまる社会問題に対する新しいアプローチ(これを彼らは構築主義と名付けたわけだが)を敷衍し展開する中から生み出されたものであるのに対して、野口のそれは、アルコホリック等の臨床場面を理解するためのアプローチから生み出されたものである。

(9) 実際野口は次のように言明している。「これまでの議論は、現実の構成一般についての議論だったが、自己もまた現実の一部であると考えれば、これまでの議論は『自己という現実』にもそのままあてはまる。したがって、自己は社会的かつ言語的に構成される。」(野口[1999: 22])。

(10) 野口は注(9)の引用に続けて「自己とはひとつの現実である。自己を語ることが自己という現実を構成する」(野口[1999: 22])と書いているのだが、この言葉はまさに前章で整理した第一の認識に対応している。それと同時に、ここでは「語る」ということと「物語る」ということの差異は極小化されている。

(11) 例えばコンピュータが起動時に自らの仕様について詳細に表示したとしてもそれはふつう「自己物語」であるとは考えられない。それは、コンピュータが自分自身について一定の了解をもつような存在であるとは考えられていないからだ。逆にテクノロジーの進化がコンピュータをして自己了解をもった存在と区別がつかないように応答させることができたとしたら、それは起動時にもっとも基本的な自己物語を語っているとみなされるようになるかもしれない。そのとき、演算ユニットの種類や性能、バイオスの種類やバージョン、接続された機器等々は彼・彼女(あるいはそれ?)が何者であるのかを語る言葉となるであろう。

(12) ガーゲンらの自己物語論についての詳細は補論を参照されたい。

(13) 発達論的に言えば、これは最初の自己物語がどこからやってくるのかという問であり、論理的に言えば自己に対するメタ自己がどのように存在しえるのかという問である。

このような議論に対して、「どのような議論であれ何らかの前提をおかなければ始まらないのだから、そういった批判はあまり意味がないのではないか」という反論があり得る。これもある程度まではもっともな意見である。例えば「恋愛」の社会的構成を研究する際に、恋愛について語る語り手を盲点にすることは、ある程度やむをえないだろう。しかし自己論は「自己」を考察の対象とするものであり、その当の対象自体を盲点としてしまうような議論はやはり問題があると言わざるを得ない。

またここでルーマンの観察とその盲点に関する議論を思い起こしてもよい。すなわち、どのような観察も必ず盲点をもっており、その盲点のおかげで有効な観察をなし得る。けれども別の観察を工夫することによってその盲点もまた観察の対象となり得る。もっともその工夫された観察もまた何らかの盲点をもつことにかわりはないのであるが（Luhmann, N. [1995＝1996]）。物語論的アプローチが問題にしたいのは、「語る自己」を盲点とするような観察（それは理論家の観察であると同時に語り手自身の自己観察でもあるのだが）がどのようなものであるのかを観察できるように工夫することはできないか、ということなのである（もちろんその観察もまた後続の観察に開かれているわけであるが）。

ちなみに、ホルスタインらは、誰か（例えばX）の自己物語が、X自身ではなく、もっぱら他者によって語られるということがありえると論じている（Holstein & Gubrium [1999: 149-152]）。これは、自己物語の起源が自己の内部にではなく、むしろその外部（他者）にこそあるという洞察につながるものであるが、彼らはこのケースを自己物語のとり得る一つの形として扱うにとどまり、その理論的含意を十分に引き出してはいない。

(14) 一九九九年関東社会学会大会シンポジウムでの精神科医江口重幸の発言から。

(15) だからこそ幼児虐待においては「偽記憶シンドローム」が問題になる。過去が現時点の問題意識から光を当てられ、遡及的に再構成されるものでしかあり得ない以上、この問題を完全になくすことは不可能である。

(16) このような語り手自身がすでにもっている自己像をセルフコンセプト、他者との相互行為のなかで構成される自己像をセルフイメージとして概念的にわけるという道もあるが、構成主義の論理を一貫させるなら、セルフコンセプトもセルフイメージもともに構成されたものである点で等価なものといわなければならない。

また、ホルスタインとグブリアムは、「物語の弾力性」という概念を導入して、原型となる物語とそれが個々の語り手によって語られるときに加えられる様々な変形とを捉えようとしている(Holstein & Gubrium [1999: 116–123])。ここで原型となる物語が各語り手の加工に先だってすでに存在していること、これが「先取り」の時間に対応していると考えられる。だが彼らの議論は先取りを事実として追認してはいるが、それが自己の構成にどのように関与しているかの分析には踏み込まない。その結果、「自己物語」という概念を導入することの意義が不明確になってしまっているように思われる。

(17) あるいはガーゲンのように、この「先取り」自体を否定する立場もある。彼は、自己物語をあらかじめ個人のうちにあるレンズのようなものではなく、あくまでも相互行為のなかで構成されるものと見るべきだと主張する(Gergen & Kaye [1992 = 1997: 183])。これは彼が標榜している関係主義を考慮すれば当然の主張である。しかし、いっさいの先取りされた前提なしで自分自身についての物語を人は語り得るものだろうか。

(18) 構成主義的自己論は、このような土台を「自己」が手に入れているという前提を無自覚のうちにおいてしまっているわけだ。そればかりではなく、例えば心理学者イアン・クレイブが批判するように、構成主義は自分自身もまた構成された視点であることをときに失念し、「あらゆる現実は構成されたものだ」と言明し得るような場所、それらの諸「現実」の外部、すなわち「あらゆる」現実を見通せる視点であるように偽装している(Craib, I. [1994] [1995] [1997])。本当は構成主義者とその前提の間には循環があるのだが、「自己」が自らの前提となる基盤を無自覚のうちに信じてしまっているように、構成主義も無自覚のうちに自らの前提をどこかに着地させてしまっているのではないか。もっともクレイブの批判は、一方において対象の「実在性」を復権させることを、他方で行為者の「主体性」を復権させることを狙っており、その限りで、構成主義以前の素朴な認識論への後退となっている。この点で物語論的アプローチとは相容れない要素を含む。

ちなみに社会問題の構成主義（構築主義）において活発な論争が行われた「存在論的ゲリマンダリング」の問題もまたこのような理論家の位置をめぐるものだったと理解することができよう。例えば、ある種の薬物の吸引が、一方の社会では「宗教的な儀礼」として構成され、もう一方の社会では「犯罪」として構成されると構成主義の理論家が主張するとき、それら二種類の構成が前提としている「薬物」の存在それ自体はどのようなものであるのか。それは、構成の外部に（構成されざるもの、構成に先立つ実体として）恣意的に保存されているのではないだろうか。そういった恣意性と不徹底性への批判を象徴的に表現するのが「存在論的ゲリマンダリング」というフレーズだ。このような「恣意」は理論家が自らを超越的な場所においてしまったことの効果であると考えられる。

(19) おそらくその意味では構成主義の最も認識論的に純化された姿を廣松渉の哲学体系にみることができるだろう（廣松［1982］［1983］）。廣松は関係の一次性を主張し、これをあたかも実体であるかのように捉える「錯認」を「物象化」と呼んだ。様々な構成主義はこの「物象化」を解除しようとする志向性を共有しているといってよいだろう。それに対して物語論は、自己言及という事態にもかかわらずそこに根拠があるかのようにみなす「錯認」を問題にしようとするものだ。これを「物象化」に対比して「物語化」と呼んでもよいだろう。

(20) 要するにここには二つの不安定さがある。ひとつは土台の複数性（個々の土台の相対性）から、その土台の絶対性が否定されることの不安定さ。もうひとつは個々の土台それ自体の内部に非一貫性やパラドクスが内在しているために生じる不安定さ。この二つの不安定さは、ちょうど第三章でみた物語療法の二つのアプローチに対応するものでもある。すなわち、現実構成の相対性を示すことによって現に行われている構成を変えようとする会話的アプローチと、自己物語の亀裂（ユニークな結果）を梃子にして物語の書き換えをはかる脱構築的アプローチとに。

もちろん構成主義の流れに属する理論家の中にもこのような問題に自覚的である者もいる。例えば、ジュディス・バトラーがそうだ。彼女はふつう社会構成主義の代表的な理論家として考えられており、先にも触れた上野との対談でも竹村は、バトラーの「主張の根幹にあるのは、いままで『自然な事実』とされていたものが、じつは基盤として構築された虚構に過ぎないということ」であると指摘している。が、実際には彼女の議論は、単純に現実構成の相対性・虚構性をあきらかにするということ以上のものを含んでいるようにも思われるのである。

例えば、バトラーは『権力の心的生』という著書の序論において、「主体subject, agency」の構成がある奇妙な循環を伴っていることを一つの難題として次のように指摘している。

「逆説的なことに諸個人やその生成へのいかなる理解可能な言及も、それらの主体としての地位にあらかじめ言及することなしには起こり得ない。従属化・主体化が語られるその語りは必然的に循環的であり、その語りが説明を与えようとしている当の主体をあらかじめ前提してしまう。……主体は自らの物語を語るために自身を失うことになるが、その物語を語る際に物語的機能がすでに明らかにしてしまったものに対して説明を与えようとする。」（Butler［1997: 11］）

すなわち、一方において主体が主体たり得るのは、自分自身をそれとして語ることによってなのであるから、語る自己はあらかじめ存在しているのでなくてはならない。けれども、他方においてその語る自己すなわち語りを遂行する主体は、当の語りのあとにはじめて現れてくるはずのものである。つまり、語りのあとに登場するはずの主体が、語りに先だって前提されているという循環がそこにはある。したがって、語る自己は語られる自己からいわば切り離されて前提にされる(「自らの物語を語るために自身を失う」)と同時に、説明を与えるべき主体は語りに先だってそこにあるのであり「物語的機能がすでに明らかにしてしまったもの」にすぎないということになる。

この循環は、本節で確認した社会構成主義の「盲点」そのものであり、バトラーは十分にそれに自覚的であるように思われる。そしてここで注目すべきなのは、バトラーがこの「すでに」という循環を語るなかで、物語の機能(narrative function)に言及していることだ。いわば、構成主義が自己言及の問題に触れるとき、物語論への入り口が開かれるのである。

(21) 中河は「クレイム申し立て」という活動について、誰でもそれを知っているし、常識として共有できる、だからそこから社会問題についての構成主義的な考察をはじめることができるのだ、という(中河[1999])。それにならっていえば、「自己」が「すでに」存在して「しまっている」ことは、だれでも「知っている」。だから「自己」についての構成主義的なアプローチはそれを前提にし、そこから考察をはじめることになる。

(22) 映画『ブレードランナー』(とりわけいわゆるディレクターズカット版)が見る者を不安にさせる理由は、主人公がレプリカント(人造人間)であるかもしれないということよりも、むしろその記憶のすべて(それは本人の視点からはどうしようもなく「ほんもの」にしか思えないものなのだが)が偽造されたものなのかもしれないということにあるように思われる。これは、彼の人生の物語である記憶がその根本から宙づりにされてしまうことに対する不安であるといってよいだろう。人は通常この不安を忘れて生きているのである。

(23) このような形での構成主義批判は、とりわけラカン派の影響を受けた理論家たちが繰り返してきたものでもある。例えば丸山圭三郎の「言分け」論に対する赤間の批判（「概念」はたしかに言分けされるが、丸山が「もの」とよんだ対象についてもそうなのか?）やバトラーに対するコプチェクの批判（性はすべて構成されるというとき、その断言自体がアンチノミーをもたらす）、ジジェクによるクリプキの読み換え（構成される確定記述に対して構成に還元されない固有名）等々がそれにあたるだろう（赤間［1997: 68-70］、Copjec, J.［1994］、Zizek［1989］）。ラカン派の理論全体に対して詳細な評価を下すことはできないが、少なくともこの一点（構成主義が盲点を前提にしているという点）についてだけは、それらの理論とここでの議論とは結論を共有しているといってよいだろう。

だがここで（ラカン派とともに）急いで付け加えなくてはならないのだが、ここにいう構成されたのではないような現実とは、例えば言語以前的な「自然」や「身体」などといったものではない（そういったものに訴えることは、構成主義よりさらに以前の段階に後退することだ）。そもそもそのようなものが現れてくるその仕方を考えてみれば、（第三章でみた、あるいは本章の最後にみる、幼児期虐待を生き延びた人々のように）現在の語りがつまずくという形をとるのであり、つねに語りや言葉を通して（あるいはそれらの「歪み」や「穴」を通して）のみ「ある」ものなのである。だから言葉の外や、言葉以前に遡ろうとすべきではない。そうではなくて「外」や「以前」と呼びたくなるようなものは、むしろ「内」や「以後」にしか見いだし得ないようなものなのである。

この点について、下河辺美知子は、トラウマ記憶（物語化されざる記憶）を論じる文脈で、フロイトの「夢のへそ」という概念に着目している。「へそ」とは、夢の真っ只中に登場しながら、どうしても夢の読解（物語化）の中に組み込むことの出来ない要素のことだが、下河辺はフロイトの「イルマの夢」（にまつわる三つのテクスト）を読み解きながら、このへそという概念の発見をもたらした体験こそ、フロイト自身の語り得ない中心、フロイト自身の自己物語の穴ではなかったかと論じている。

「書くという行為に動機があるという脈絡を隠蔽する装置として、〈へそ〉は解釈者フロイトの内に存在し、自分自身について『どうしてもわからない一点』として感知されたという点である。」（下河辺［2000: 92］）

書くことの動機（という脈絡）は物語の中で見失われてしまうが、それは物語の「外部」へと追放されてしまうのではない。それはむしろ物語のまっただ中に、物語化に抗する要素として現れる。ちょうど物語療法のいうユニークな結果が、物語の中に物語化をつまずかせる要素として現れてくるように。

こうしてみると、（ラカン派に限らず）精神分析を除外して物語療法を語ることは本当は不可能なのだ。フロイトが物語療法の最初の創始者であるという点については何人かの家族療法家がしぶしぶ認めている通りだが、彼らが想像している以上に精神分析的な理論構成と物語論とのあいだの距離は小さいと言わねばならない。

（24）構成主義が「物語」という言葉を使うとき、それが種々雑多な「言説」の中でもとりわけどのような特徴をもつものであるのかということはあまり論じられてこなかった。むしろ言説と物語とがあいまいなままに重ね合わされてきたようにさえ思われる。

（25）自己準拠のパラドクスを「時間」の導入によって暫定的に解消するというロジックについてはスペンサー＝ブラウンの議論とそれに基づく大澤の社会システム論をも参照されたい（Spencer-Brown, G.［1969＝1987］、大澤［1988］）。大澤は時間の導入と相即的に、この暫定性の維持のためには社会の外部への接続が必要である事情を精密に論じている。

(26) 例えば第二章でもみたように、ブルーナーは、物語が「読者によって書き直されうるような、しかも読者のイマジネーションの戯れを許すように書き直されうるような、そういう十分な仮定法性をもって述べられなくてはならない」と指摘している（Bruner［1986＝1998: 58］）。

(27) 可能性の重層態としての自己については、鷲田清一［1996］を参照。

(28) 物語療法のセラピストもまたこのような意味での他者の役割をとるものである。したがって、語り直しのための視点を提供し、あらためて構成された自己物語の証人になると同時に、彼はまた、クライエントに忘却をもたらすものともなるだろう。忘却されているのは、おそらくなぜそれほどまでに自己を語りたいのかということ、あるいは物語療法のセラピスト自身が語りへの欲望に突き動かされていること、そういったことであろう。下河辺にならってこれを語るという行為に「動機があるという脈絡」といってもよい。

(29) ワインガルテンの考えでは、物語的一貫性・物語的閉鎖性・物語的相互支持性がそなわっていれば、それだけ他者から受け入れられやすい物語となり、それゆえクライエントにとってエンパワリングな物語になるという。だがこのような「受け入れられやすさ」を追求することが、自己の物語が他者に横領されていく糸口になってしまいがちであることには十分注意しておくべきであろう。例えば岡真理は、大震災というトラウマ的体験を伝える二つの文章を対比しながら、一方が語り得ない出来事を封印してしまうものであるのに対して、他方は読者をいやおうなくその出来事の目撃者たらしめるものだと論じている。はたして語り得ないものを物語構造に吸収することだけが「治療」なのかどうか、考えてみる必要があるだろう（岡［2000: 82-92］）。

(30) トラウマが自己語りへの介入として姿を現している点に注意してほしい。「語り得ないもの」を身体的なものへとただちに結び付けることに慎重でなければならないことが、ここでも重要であるように思われる。たしかにそれは身体の症状を通して姿を現してくるのだが、しかしそれはあくまでも「語り得ない」という形で、語りを挫折させるという形で、したがって語りを（否定的な形ではあれ）経由してはじめて姿を現すのである。「語り得ないもの」は言葉の外部に、例えば、言語以前の身体に見いだされるわけではない。むしろ語りのまっただなかに語りの変調としてこそ現れてくる。例えば、トラウマ的体験について語るときにしばしば引き起こされる「口ごもり」（こころのケアセンター編［1999］や Herman［1992＝1999］を参照）。口ごもりとは、口という身体の問題である以前に語りを「こもら」せるという問題、いわば言語の問題である。

(31) 例えば下河辺は、フロイトに言及しながらこう述べている。

「人はその成長過程で言語を習得していくが、その過程で、万人みな等しくトラウマを体験している。こう言ったら何を馬鹿なことをと一笑に付されるであろうか？ しかし、フロイトの言葉を借りれば、言語を習得する以前の体験は、言語化されることなくその人の記憶に密封されていることになり、〈トラウマ的記憶〉となっているのである。」（下河辺［2000: 13］）

人が言語の主体としての人になるとき、トラウマ的記憶をその主体の底に確実に蓄積する。言語を習得した主体が自らを自己として構成しようとするとき、諸々の体験は何らかの形で物語化され、形を与えられるが、同時に、その物語は、トラウマ的記憶を底に残してしまうだろう。

(32) 哲学者東浩紀は、象徴的な現実構成のただなかに開いた自己言及という亀裂を見いだし、それを梃子に現実（象徴界）の全体性を解体しようとするラカン派の戦略は、むしろ全体性をいわば消極的な形で絶対化（それゆえ非歴史化）する「否定神学」であると批判している（東［1998］、また社会学の視点からする同様の批判として馬場靖雄［1996］も参照）。この批判はある意味では、物語療法にも（そしてそこから多くを学んだ本書の議論についても）当てはまるだろう。これについて、次の二点をとりあえず確認しておきたい。第一に、全体性を絶対化しているのは、物語論の方ではなく実際に自己物語を語り、自己を構成している人々であるということ（実際クライエントが自己物語の全体性や一元性を信じていなければ、物語論的脱構築は不可能である）。第二に、その絶対化の仕方はつねに歴史的であり、その意味では物語論的アプローチが全体を非歴史化するという批判は必ずしもあたらないということ。したがって、否定神学批判が重要な理論的貢献であることはたしかだが、それは物語論を棄却するものではない。

第五章への補論　ガーゲンの自己物語論

1　ソシアル・コンストラクショニズムの概観

本稿の目的は、K・J・ガーゲンとM・M・ガーゲンとによって提案された自己物語論を検討し、それを拡張することを通じて、自己現象を比較社会学的に把握するためのフレイムワークを準備することにある。

ガーゲンらの提案する自己論がどのようなものであるのかを見る前に、その理論的な前提となっているいくつかの仮説を確認しておく必要がある。これらの仮説を明示的にせよ、暗黙のうちにせよ承認する立場を指して彼らはソシアル・コンストラクショニズムとよんでおり(1)、その例として彼らがあげる理論は社会心理学のみならず、社会学、人類学、家族システム論、社会史等々の様々な領域におよんでいる。その立場を一言で言うならば、ソシアル・コンストラクショニズムとは人々が自らの住まう世界を記述し、説明し、あるいは報告するその過程を解明することに主たる関心を持つものだ。(Gergen, K. J. [1985a: 3])

ということになるであろう。

そこで、ソシアル・コンストラクショニズムを構成するいくつかの仮説を Gergen, K. J. [1985a] によって以下に要約しておく。

仮説・1:世界体験はそれ自体としては世界を理解するためのタームを指定するものではない。また世界に関する知は推論の産物でも、仮説検証の産物でもない。最初の仮説は、世界の直接的経験から一義的に「正しい」世界の理解を引き出せると考える実証主義・経験論への批判を表明するものだ。世界内に生起する無数の事象を虚心に観察し、それを一般化していくという作業を続けていけば、やがて世界を「正しく」理解するための唯一普遍的なカテゴリーに到達するだろう、というアイディアをソシアル・コンストラクショニズムはまずはじめに棄却するのである。

仮説・2:世界を理解するためのタームは社会的産物であり、歴史の中におかれた相互行為の所産だ。
第一の仮説においてはネガティヴな形で言い表されていたことがらに対して、第二の仮説はポジティヴな表現を与える。世界を理解するための諸形式は直接的観察によってではなく、その「観察」という営為そのものがそこに内属している社会過程によって生み出されるものなのだ。だからソシアル・コンストラクショニズムの探求は理解の形式を支える歴史的・文化的な基盤に向けられる。

仮説・3：世界理解のある形式が持続的かつ広範に流通するのは、直接的にはそれが経験的に妥当であるからというよりも、社会過程がある特定の様態を取っているからだ。
第三の仮説は上の仮説のコロラリーだ。世界を見る枠組みとして特定の形式がある時代、ある社会においてドミナントになるのは、それが当該社会における社会関係の主要なモードに相関しているからである、とこの仮説は主張する。だから観察が理解の形式を是正することはできない。むしろ理解の形式の変化こそがそれに見合った「事実」をあらためて「発見」するのであり、そのような変化は社会過程の変化に相関しているのである。

仮説・4：協議された理解 negotiated understanding の諸形式は社会生活においてとりわけ重要だ。というのもそれは人々の行う他の諸活動に密接に関連しているから。

第四の仮説は、理解の形式が今度は逆に社会過程に対して持つ含意を明らかにするものだ。世界をある特定の形式で理解し、記述・説明することは、その形式に見合った行為選択を当該の個人から引き出すであろう。というのも、行為は、人が世界に対処しようとするときに一定の世界理解に準拠して組織されるものだから。そこで、ソシアル・コンストラクショニズムは社会過程を支える共有された理解の形式、あるいは「ディスコースの慣習 convention of discourse」に着目するのである。

K・J・ガーゲン自身はこの立場に準拠して（社会）心理学に関するメタ・セオレティカルな分析を試みている（[1984] [1985b] [1986] [1990]）。以下の議論に関わりのあるかぎりにおいてその要旨を紹介しておく。

①心的状態への言及（メンタル・トーク）は一種の遂行的発話である。それは心的状態なる対象を言語によってマッピングするなどというような営みなのではなく、社会過程の内に埋め込まれた言語的実践によって何らかの社会的効力の発現をめざすものなのだ。いわばそれは社会過程それ自体を構成する一機能要素なのであって、例えば、他者の権利要求を却下するためにその人物の心的状態に言及するなどといった場合（「彼は意志が弱いから」などというように）に、そうした性格は最も明白に現れるであろう。

②したがって、心的状態へ言及するためのタームは、対象となるなんらかの心的状態と

の対応を確認することによっては正当化され得ない。そうではなく、他の心的状態の記述へと関係づけられることによってのみその正当性を確認され得るのだ（ちょうど辞書の中で言葉の定義が相互に循環しているように）。そして、実はいかなる心的状態の記述も他の任意の心的状態に関連づけて正当化することができる。例えば、ある人が平静な心的状態にあるのは、「怒るだけ怒ってしまったためだ」とも、「怒りを抑圧しているからだ」とも、あるいは「怒りを感じない静かな心の持ち主なのだ」とも説明できるであろう。記述（メンタル・トーク）を接続する際に現れるこのような任意性をガーゲンは「パンデモニウム原則」とよんだ。この（接続の）任意性は、実際には（つまり現行の心理学の内部では、ということだが）解釈の多様性が一定の制度的範型（「ディスコースの慣習」）へと縮減されることによって制限されている。心理学の「客観性」は、したがって、このような慣習によって支えられているのである。

③自己知、自己認識、自己理解などといったことがらもやはりメンタル・トークの一種であり、上の論点の射程範囲内にある。自己を知るという事態は、自分の心的状態を観察することや、内面の深みを探求することの結果として産出されるものではない。それは、彼が生み落とされたある社会過程の内部で流通し実効的に機能するディスコースへの習熟、すなわちメンタル・トークのプラグマティクスに習熟することの直接の効果として生み出される事態なのだ。ガーゲンはこのようなメタ・心理学的な立場を、伝統的なそれ（主観

的理解）に対して「関係的 relational 理解」とよんでいる。
以上が自己物語論の前提を構成する基本的なアイディアの概略だ。

2 ―― 自己物語論

いよいよガーゲン達の提案する自己物語論を紹介する段である。以下、Gergen, K. J. & M. M. [1983] [1984]（この二つのテキストはその内容においてほとんど重なり合っている）によりながら要点を整理していく。(2)

彼らの考えでは、これまで提示されてきたいくつかの自己論は、どれも次の二点において不十分であり、自己現象をトータルに把握しているとは言えない。まず第一に、それらは「自己」を、環境からのインプットに対して機械的に反応をアウトプットする構造として理解しており（メカニスティック）、しかも第二にそれらは「自己」を、時間の流れの中のある切断面においてのみ（したがって共時的構造として）とらえようとする（シンクロニック）。実際には、一方において自己は「自分が何者であるのか」についての同定（自己概念、あるいは自己理解）を絶えず能動的に（再）形成しており（リフレクシヴ）、他方、自己はある時間の流れの中で過去の諸事件に言及しつつ自分自身を位置づけ、また意味づけているのである（ディアクロニック）。そこで自己という現象をリフレクシヴでディアクロニックな構造として理解するために、自分についての物語（自己物語）に注目してみよう、と彼らは提案する。

「自己物語 self-narrative」とは「個人が自己関連的な事象の関係を時系列にそって説明 account すること」（[1983: 255]）を指しており、もう少し具体的に言えば「到達点 goal state あるいは価値を帯びた終点を設定すること」、およびそれに準拠して「到達点が多少なりとも蓋然的に（probable ありそうなものに）なるように、進行する諸事件を選択・配列する」（[1984: 175]）という営為を意味している。このような営みによって語り手の人生に関わる諸事件の間には一貫した関連性（筋あるいはストーリー）が生み出され、そのストーリーが彼の現在の生に意味と方向性の感覚を与えているのである。

したがって、「私」という体験、あるいは自分が何者であるのかについての同定（セルフ・アイデンティティ）は、彼が自分の自己物語を語ることにおいて成立する事態なのだ、とガーゲン達は考えるわけだ。

次にガーゲン達は物語の諸形式を抽出する作業にとりかかる。彼はまず物語の進行を示すための「時間の軸」とその間の主人公の状態を示すための「価値の軸」とを設定する。次いで、この二軸を直交させて作った平面の上に描き得る軌跡を考え、その傾きに従って、ストーリーの基本型を次に示す三つに整理する。

1　定常型：物語の時間的進行に対して主人公の状態が不変

2　前進型：物語の時間的進行に対して主人公の状態が向上

3　後退型：物語の時間的進行に対して主人公の状態が下落

この三つの基本型を組み合わせることによって、より複雑な物語である「悲劇」（2→1）、「コメディ」（3→2）、あるいは「ロマンス」（2→3→2→3……）などを導出できるであろう[3]。

ところで、人は、自分自身を語るときに常に一定のタイプの物語形式を用いるわけではない。例えば、ガーゲンが自分のクラスの学生二七人に各自の自己物語がどのようなパタンを示すのか尋ねたところ、ほとんどの学生が、親子関係に焦点を合わせた質問のときには前進型のパタンを、学業成績に焦点を合わせた質問のときには後退型のパタンを示すと回答したという（[1984: 184]）。つまり同じひとりの「私」についての物語であってもテーマに応じ様々なタイプの物語が採用され得るということだ。

そこで、ある人が採用する複数の物語を比べて、始点と終点との時間的距離がどの程度であるのかによってそれらの間に次のような相対的区別を設けることができる。

・マクロ物語：時間的距離の相対的に大きいもの

・ミクロ物語：時間的距離の相対的に小さいもの

マクロ物語とミクロ物語とは、その定義上前者が後者を包含しておりいわば「入れ子型物語 nested narrative」あるいは「物語中物語 narrative within narrative」を形作っている。例えば、「私」が属するエスニシティの歴史（エスニック・セルフ・アイデンティティの物語）、出生以来の自分のライフ・ヒストリー、キャリアの物語、ここ一週間の物語、等々が一人の人間の自己物語の内に並存する場合、よりマクロな物語がよりミクロな物語を自身の内に包摂するのである。しかも、それぞれのレベルで物語は異なる形式をとることもできる。例えば、（社会的上昇を達成した）輝かしいエスニック・グループの一員である「私」（前進型物語）が、ハイ・スクールではよい成績を修めたのに大学に入ってからは講義についていけず苦しんでおり（後退型物語）、しかし先週けんかしたまま気まずい状態の続いていた恋人と今日はようやく仲直りができてよろこんでいる（コメディ）、等々というように。

ここでマクロ物語の対立緩和的なあるいは統合的な機能に注意する必要がある、とガーゲンは指摘する。すなわち、一人の「私」が語る複数の物語相互の間に無視し得ないほどの葛藤・対立が生じた場合、対立する物語の双方を包含するようなよりマクロな物語が両者を自己の一要素として認定することで両者を自己物語の内に統合することができる。したがって、最も包括的なマクロ物語が首尾よく機能しているときには、そこに包摂された複数の物語の間の対立は緩和され、自己物語全体にゆるやかな一貫性が保たれるのである。

以上は物語それ自体についての分析であった。つづいてガーゲンは物語が社会といかなる関係を結んでいるのかを検討する作業にうつる。物語と社会との関係は内在的なものと外在的なものとに分類されるが、ガーゲンは後者の検討から始めている。

外在的な関係とは、人々が各自の自己物語を語るということが全体社会に対してどのような機能（特に順機能に彼らは注目している）を果たしているのか、ということであるが、ガーゲンの考えでは、その最も重要な機能は人々の動機付けを制御するという点に求められるという。このことを彼は物語の三つの基本型を取り上げて次のように説明する。

まず定常型物語は、それを語る「私」の行為に一定の安定性を与え得る。だから、各人にとって他者の不確定性は、その他者が定常的な自己物語を語るかぎりにおいてルーティンの内に定常化されるであろう。そうなれば「私」は他者が予測外の行為にでるという可能性をさしあたりは無視していつも通りに業務を遂行すればよいということになる。もし他者の不確定性がこのようにして安定化されていないとすれば、いつもの業務を今日も繰り返すということへの「私」の動機付けは、他者が昨日とは異なる反応をするかもしれないというリスクによって著しく弱められることになろう。つまりある人々が定常型の自己物語を語るということは、他の人々の日常業務を不安と混乱から保護するという機能を果たしているのである。

前進型の機能は容易に理解される。それは既存の動機付けを保護するだけにとどまらず、さらに積極的に現状をよりよい方向へ移行させるように人々を動機付けるのである。(4)

それに対して、同じように考えると、後退型物語は既存の動機付けを解除してしまう可能性もあるわけだが、より積極的な側面に注目するとすれば、それは来るべき「後退」に人々をそなえさせる、あるいはそれを防ぐことができるように人々を十分用心深くする、といった機能を果たしていると言えるであろう。

それでは、自己物語の社会に対する「内在的」な関係とはどのようなものなのか？ここで「内在的」というのは自分自身を語るという営為がそもそも他者の存在を前提にしていること、他者との関係においてしか「私」は有効に物語られ得ないということを意味している。自己物語は、例えば本棚に並べられたいく冊かの小説のように個々別々にそれ自体完結した相で存在しているのではなく、「私」をとりまく無数の人々との間に交わされる相互行為の中で絶えず織り成されつつあるものなのだ。それは、だから、他者に向けて（ということは他の自己物語に向けて）開かれた相でのみ存在しているのである。

そこでガーゲンの記述をある程度自由に整理して、自己物語を語る過程において他者が果たす機能を順次見ていこう。それは次の三種に分類し得ると考えられる。

① オーディエンスとしての他者

物語が言語という記号を用いた営みである以上、その記号を記号として読み解く主体なしには物語は意味をなさない。そしてもし自分にのみ意味の通じる記号（私的ルール）の存在を認めるのでなければ、それは、物語にとって「聞き手・読み手」となる他者の存在が本質的に不可欠の要素であるということにほかならない。つまり自己物語は他者に聞かれ、読まれることを必要としているのである。

だがオーディエンスとしての他者の機能はそれだけにとどまらない。通常、自己物語は語り手の側の特定行為を含意しており、その行為を通じて社会的な検証と評価の過程に従属している。例えば、「私は正直ものだ」という物語を語るものは、他者との相互行為においてその正直さを実際に示すことを求められる。もしそれを示すことに失敗すれば、彼の物語は周囲の人々から妥当でない物語と評価され、変更するよう迫られるであろう。このような検証・評価の過程を通じて自己物語は社会的に成型されていくのである。

逆に、ある行為者に対して周囲の他者(オーディエンス)の方から自己物語をより明瞭に語るよう要求することもある。こうした場合、行為者は自分の諸々のふるまいを一貫したストーリーの内部で説明できるように物語らなければならない。もっとも、この明瞭化articulationの過程は、たいていは各人が自己物語を語ろうとするときに先取り的かつ暗黙の内に(anticipatory and implicit)行っているものだ。このことは、各人が他者の視点を自身の内に取り入れ想像的オーディエンスとして保持していることを示している。

② 助演者 supporting cast としての他者

自己物語が選択・配列する諸事件の全てが「私」一人を関与者とするものであるという

ことはおそらく考えられまい。必ずやそれは、何らかの他者が重要な関わりを持つような事件を少なからず含むであろう。その場合、語り手がオーディエンスに対して物語の妥当性を主張し得るためには、ストーリーの進行と構造とを共に支えてくれる他者、いわば助演者が必要になる。これが他者の第二の機能だ。

例えば、「私は恋人と愛し合っている」という物語を「私」が語る場合、それが妥当なものとしてオーディエンスに受け入れられるためには、その物語が実際彼（女）の恋人によって共演される（あるいは少なくとも暗黙の支持を与えられる）必要がある。あるいはまた「私は子供に恵まれた幸せな親だ」という物語を語る人はその物語を妥当たらしめるために、一緒に「幸せな親子」を共演してくれる子供を必要としているのである。

③ もう一人の自己物語の語り手としての他者

ここであらためて注意してほしいのは、自己物語を語るのは「私」ばかりではないということだ。「私」をとりまく無数の他者達もまたそれぞれの自己物語を語っているのであり、「私」がそうであるのと（少なくとも）同程度に自分の自己物語を妥当なものと信じているのである。だから「他者達が『私』の物語に織り込まれているのと同様に『私』もまた彼らの物語の中に織り込まれている」のである（[1983: 270]）。

実はこのことが他者（性）のはらむ問題を最も先鋭に露出させる条件を用意する。例えば、「私」が「私は恋人と愛し合っている」という物語を語っているときに当の恋人の方は、「思いこみの激しい男（女）（つまり「私」のことだ）につきまとわれ易い私（愛されすぎて困る私）」という物語を語っているかもしれない。このとき「私」の物語の妥当性は「恋人」の物語の妥当性によって否定されてしまうことになろう。このように、複数の自己物語が相互に織り合わされていることの結果として、ある物語の妥当性が他のそれと相互に否定し合う可能性を排除し得ないのである。かくして「私」にとって他者（の物語）は一つのリスクとなる。

このリスクは通常次のような交換関係によって克服されている。すなわち、一般に「私」は相手の助演者（支持者）となること（あるいは少なくとも暗黙の支持を与えること）を承諾することと引き換えに相手に自分の助演者になってもらうことを要求するのである。先の例でいえば、「私」は相手の助演者（思いこみの激しい男）を引き受ける代わりに相手に自分の助演者（自分を愛している恋人）となってもらうわけだ。もちろん交換を拒否することもできる。例えば、「恋人」は「私」に別れを告げ、相手の物語を解体に瀕せしめることもできるだろう。しかしそれは「私」から「ちょうど同じことをこちらからも言おうと思っていた」と告げられ、自分の物語（とそれによって支えられているプライド）を破壊されるかもしれないというリスクをおかしてのことなのだ。

他者の存在という問題をクリアーすれば自己物語は安定性を確保することができる。そしてほとんどの場合、人々は上で見たような交換に基づく互酬制に満足しているので、物語の変更を深刻に考慮しなければならないような事態に至ることはまれである。それでも、他者問題のクリアーをより容易にするために、交換の他にさらに追加機制が用意されている、とガーゲンは以下の三つをあげている。

① 他者の物語を自己の物語の一部に組み込むこと（incorporation）

すなわち「他者の行為ではなくその土台にある物語自体を私の物語の一部に組み込んでしまう」ことである（[1983: 271]）。そうすることで、他者の不確定性を極小化し、他者性をより効果的に馴致することができるだろう。

② 関係を客観化すること（objectification）

これは物語の主語を「私」から「あなたと私」あるいは「私たち」に換えて、つまり関係を主語＝主体として物語を再構成することだ。例えば、個々人の物語を相互に調整しながら支え合うよりも、「夫婦」、「ティーム」、「職場組織」といった関係自体の物語を共同で支える方が容易な場合があるだろう。(5)

③ 情緒的制御を加えること（affective control）

特に既存の互酬的役割布置から撤退しようとするものに対しては「罪悪感」が効果的な手段として採用される。例えば、「君がそんなやつだとは思わなかった、見損なったよ！」

という調子で。

以上がガーゲンの提案する自己物語論のアウトラインである。

3 自己物語論の拡張

以上に紹介したガーゲンの理説を物語の形式・機能の分析に関する部分とそれの存立における社会的性格の分析に関する部分とに分けることができる。そのように分けた上であらためて眺めてみると、後半部分の記述が一定の厚みを持ったリアリティを獲得しているのに比べて、前半部分の記述は奇妙に平板な、あるいは記述の次元が一つ少ないような印象を与えることに気づく。言い換えると、「私」が自分を何者かとして同定するときに体験されるあの独特の感触が（そしてその感触が広がっているある深さの次元が）大幅に切り捨てられているような印象を与えるのである。

この印象はガーゲンが現代社会における自己の様態を様々な現象に即して論じていく際に物語論の枠組みをほとんど用いていないという事実によってさらに強められる（[1991]）[6]。すなわち現代社会を論じたこの論考においてガーゲンは、技術の進展とそれにともなう社会関係の複雑化・多元化が自己のあり方を根底的に変容させていると論じているのであるが、そこでは社会関係の変容と自己現象の変容とが無媒介に接続されており、「物語行為」には何ら理論的な位置が与えられていないのである。ここまでの議論から考えれば、セルフ・アイデンティティが物語行為において構成される以上、自己現象の変容は必ずや自己物語の変容と相関しているはずであるにもかかわらず、その点に関する記述がまったく欠けているという事実は、ガーゲンが自己物語のある固有な機能に無自覚であることを示唆しているように思われる。ガーゲンが記述している内容自体の中に経験的・論理的な「誤り」があるわけではおそらくない。ただそこではもう一つの次元が見落とされているのであり、そしてその次元こそが自己物語に固有の機能に関わるものなのだ。

この見落とされた次元を再び見いだすためには、まず通常の物語に対して自己物語が有するある特異性に着目する必要がある。

通常の物語ではエイジェント（主たる物語内行為者＝主人公）はそれを語る語り手とは別の存在だ。語り手は物語行為を通じて彼の内属する世界とは別の世界を構築し、その内部でエイジェントを自在に活動させるのであり、その間語り手の視点は一貫して物語世界の外部に位置しているのである。それに対して自己物語は語り手とエイジェントとが同一であるという点で特異な形式をそなえた物語なのだ。では一体この特異性はいかなることを含意しているのだろうか？

定義上、自己物語とは「私が私についての物語を語る」ことであった。このとき、「私」

というタームが定義の中に二度現れていることに注意しよう。最初の「私」と後の「私」とはむろん同じものを指しているのであるが、しかしそれが二箇所にわたって現れているということはその二つが何らかの意味で異なっているということをも示唆している。自己物語を語ることにおいて体験される「私」とは、したがって、同一でありながら別異であるというような特異な位相に存在しているのだとまずは言えるであろう。この位相は、「物語」が境界を設けて物語世界の内外を区画したこと、そしてそれによって「私」の視点がその内部と外部とに二重化されることから生じている。[7] すなわち一方の視点が「語り手（としての私）」へ、他方の視点が「登場人物（としての私）」へと配分された上で、それぞれ物語空間の外部と内部とに配置されているのである。だから物語を語る（物語空間を区画する）という営為は、二つの視点を引き離し、しかも同時にそれらを接合する（私が―語る―私を）という奇妙な位置におかれている。それはいわば「私」の内に、ある距離を（「私が」と「私を」との間に）開き、（「私」が）自分を何者かとして体験するというできごとが生起するための空間を区切る（領域化する）。比喩的に言えば、自己物語を語ることは内部と外部との間に奇妙な褶曲をもたらすのであり、そのねじれによって生じた空間（海のひだであるような船、あるいは外のひだであるような内）が自己現象に固有の場を提供しているのである（Deleuze, G. [1986＝1987: 152]）。

実は自己物語を通じて構成されるこのような二重性こそが、G・H・ミード以来自己現象（self）の核を成すものと考えられてきた〈I／me〉という二重性にほかならない。（これまでにも繰り返し確認されてきたことではあるが）「自己」とは、何らかのスタティックな実体であるというよりは、Iとmeとの間に絶えず距離がうがたれ、両者が絶え間なく差異化していくようなプロセスそのものを指しているのである。だからそれは、単純な「同」としての同一性（端的な自同性としての自己）なのではなく、「同」でありかつ「異」でもあるような（自己でありかつその外部にある他者でもあるような）、パラドキシカルな同一性として構成されているのでなければなるまい。(8) そして自己物語を語る物語行為の機能は、このようなパラドクスを実践的に可能にするという点にこそ求められるべきなのである。(9)

ガーゲンの議論において見落とされていたもう一つの次元とはこのような二重性を構成するという機能なのだ。たしかに、ガーゲンが指摘するように自己物語は「私」についての納得のいく物語を構成することで自己同定（セルフ・アイデンティティ）を提供するという機能を持つ。しかし、それと同時に、その納得いく自己同定を「私」が受け取るのは、「私」が同一でありながら別異でもあるという特異な位相においてのことなのである。この特異な位相を構成するという自己物語に固有の機能を把握し損ねていること、それがガーゲンの記述を実際の自己現象に比べて、どこかしら平板なものにしている最大の要因であるように思われる。

このことをもう少し一般的な観点から見てみよう。

ガーゲンの図式においては、社会的相互作用の過程でしかるべきセルフ・アイデンティティが関数的（つまり相互規定的）に産出され、人々はそれを（カバンや服、あるいは財布を所有するように）「持つ」。だからガーゲンにとって「物語」とは社会関係と「私」との中間にあって、前者の特質を後者に伝達するという以上にはさしたる理論的意味を持ち得ない。このことはガーゲンが（その的確な批判にもかかわらず）いまだに伝統的な理論枠組みを引きずっていること、そして本来自己物語論はガーゲンの意図していたよりもはるかにラディカルな水準でこれまでの自己論への批判となり得るということを暗示している。

日常生活においてもアカデミックな議論においても、一般に「アイデンティティ」というタームは、ちょうど各人の所有物を指すそれと同じように用いられている（「しっかりしたアイデンティティを持つ」「アイデンティティを確立する」といったように）。要するにそれは「私」の外側に客体化されたもの、あるいは「私」とは独立に存在する操作対象のようなものとして扱われているのである。しばしば主張される自己や主体に対する関係の先行性とは、この客体化されたアイデンティティを社会的諸関係へ還元するということを意味している。しかし、自己が自己自身への関係（私が―語る―私を）という二重性をその本態としている以上、このような理解はそもそもその前提において（「私が」と「私を」との）自己関係を（客体化された）アイデンティティという形で実体化＝物象化したままであり、いかにそれを社会関係に還元したとしてもいまだ十分なものではないと言わねばなるまい。例えば、社会関係に首尾よく対処しながら生きている人々に「私」を喪失するという奇妙な体験が生じるということ（木村敏［1978］）、あるいは人々がしばしば特定の物語から逃れられなくなってしまうということは、単に自己を社会関係と等置しそれへ解消してしまうだけでは自己現象の理解として十分でないことを示しているように思われる。つまり「私」という体験はたしかに社会関係の平面においてしか成立しないのであるが、それと同時にその平面から一定の自律性を保持したもう一つの関係（すなわち自己自身への関係）の平面に存立する現象でもあり、二重の意味で関係的に存立する現象であると理解されるべきなのだ。そして自己物語論は、前者ばかりではなく、後者の次元において生じている物象化をも解除した上でその関係の構成過程を主題化し得るという点でこれまでの（ひいてはガーゲンの）自己論よりもはるかに徹底した関係論の立場に立つものなのである。[10]

振り返ってみればガーゲン自身、そのような伝統的枠組みをメカニスティックな理論として批判しているのであるが、その批判の的確さにもかかわらず彼もまたこの枠組みの内側にとどまっていると判断せざるを得ない。そのために、物語行為を通じて自己が形成されるときその形成者がまさに形成される者でもあるということ、そしてそのようなリフレクシヴィティの形成を可能にすることこそ自己物語（行為）に固有な機能であることをガーゲンの理論は十分に明らかにし得なかったのである。

したがって自己物語の最も基本的な機能としては、ガーゲンの議論を拡張して、次の三点をあげる必要があろう。

① 納得いく自己同定の提供
② 自己の(「語る私」と「語られる私」とへの)二重化
③ コミュニケーションへの引き込み

自己なる現象が、その本質において自分自身を何者かとして同定するという体験であるならば、②は自己物語の重要な機能として注目されるべきである。そもそものような自己同一性の体験は(逆説的なことに)自己の二重化(=分裂)によってもたらされる空間にしか生起しないのであるから。しかしガーゲンは①と③とについては詳細に記述し得たものの、②に関しては伝統的枠組みの制約のために十分に把握し切れているとは言い難い。このことが彼の記述をどこかしら平板なものにしているのである。

おそらく自己物語とそれが語られる社会的空間の変容にともなって、二重化された自己相互の距離と関係も変容していくだろう。そしてその距離・関係が自己現象の特異性と固有性とを規定しているのであるから、その変容は「私」という体験そのものの変容を帰結せずにはおかない。「私」という体験のその変容の軌跡を追求することは(社会学にとって）非常に興味深い試みの一つであるように思うのだが、そのためにも視点の二重化という物語の機能とその作動モードには十分な注意を払わなければなるまい。そうすることを通して自己物語論は、具体的な諸々の物語を素材とする比較社会学に対してしっかりしたフレイムワークを提供することができるようになるのである。(11)(12)

注

（1）ここで言うコンストラクショニズムとは、主として社会学におけるシンボリック・インタラクショニズム、現象学的社会学、ドラマトゥルギカル・アプローチ、エスノメソドロジー、およびサイコセラピーにおけるワッツラウィックなどを中心とした構成主義を理論的な支柱にしている。なお以下において、ガーゲン達の論文は発行年のみを記す。

（2）ここで取り上げる論考はどちらもK・J・ガーゲンとM・M・ガーゲンとの共同執筆になるものであるが、後にも触れるようにM・M・ガーゲンがこの枠組みに一定の距離を取っていることや、他の論考との関係などを考慮すると、これをK・J・ガーゲンの構想と考えてかまわないように思われる。

（3）M・M・ガーゲンは、女性の伝記と男性の伝記とを比較するという作業を通じて、このように価値に準拠した物語の分類は（ニュートラルなものというよりは）きわめて男性的なものなのではないかという疑義を提起している（Gergen, M. M. [1992]）。

（4）しかしこのような物語はときとして人を果てしのない悪循環の内に引き込むことがある。

（5）このような戦略がどの程度効果的であるのかは、それが埋め込まれている社会の編制様式に大きく依存する（浅野［1993］）。

（6）もっともこの論考は物語論の文脈を離れてみても興味深い洞察を数多く含んでいるのであるが。

（7）これは実に非常に困難な課題だ。だからこそ物語行為の発端には細心の注意と高度の技巧が必要とされるのである（Barthes, R.［1961-71＝1979: 44］）。

（8）自己が一つのパラドクスであること、これが例えば仏教において古くから論じられてきたトピックであることを考えると（矢島［1989］）、ガーゲンをはじめとして「主体の解体」を掲げるアメリカの新しい自己論の提唱者たちがそれに言及しないのは奇妙なことに思われる。

（9）この点に関しては三上剛史［1990］を参照せよ。

（10）自己物語論がその本来の可能性からすると二次元的な理論であったのに対して、ガーゲンのそれは一次元的であったと言うこともできる。

（11）例えば浅野［1993］はそのような比較社会学の試みであった。

（12）物語行為を通じて自己が二重化していくのは、ある社会関係の内においてである。したがって、ある個人が他者との関係においてどのように物語を獲得していくのかという発達論的な検討が同時に必要となる。この点については、例えば、Miller, J. et al.［1990］を参照せよ。

あとがき

この本を通していいたかったことは、とても単純である。ひとつは、自己という現象が自分自身について物語ることを通して現れてくるということ。もうひとつは、その物語が必ず語り得ないものを含んでしまうということだ。このような結論にたどりついた経緯をここで簡単に記しておきたい。

社会学的自己論（例えばミードやゴフマン）を学びはじめたとき、もっとも新鮮なインパクトを受けたのは、彼らが自己を徹底的に関係へと還元しようとしていたことだった。自己を閉ざされた実体のように考える通念から、それは、思考を解き放ってくれるように思われた。

けれどもそのような関係主義的な思考になじんでいくにつれて、次第にある違和感を感じずにはいられなかった。一言で言えばそれは、自己の自己自身への関係、自己言及的な関係についての思考がそこには欠けているのではないかという疑念である。とりわけ自己という現象のとらえどころのなさが、その点に深く関わっているように思われただけに、この疑念は簡単には拭いきれなかった。

家族療法の理論に出会ったのはちょうどそのような時期だ。システム論的な家族療法の理論家たち（例えばベイトソンやワッツラウィック）は、コミュニケーションの中に含まれた自己言及のパラドクスを正面から扱っていた。これがまさに上の疑念に対する一つの回答であるように思われたのである。やがて八〇年代の終わりから九〇年代のはじめにかけて、本書でも紹介したように、家族療法には大きな変化の波が訪れ、システム論的な思考はしだいに構成主義的・物語論的な思考に席を譲っていく。だが自己言及への問題意識は物語論的な思考の中でも形を変えて存続していた。自己言及は、自分自身について物語るという具体的な行為へ。そのパラドクスは、物語の穴（例えば「ユニークな結果」）、あるいは語り得ないものへ。

このような家族療法（物語療法）の理論と実践から学び得たことを再び社会学的自己論に接続するとき、冒頭の二つの結論にたどりつく。もちろんたどりつくまでの過程が説得的であるかどうかについては、本書を読まれた方に判断してもらうほかないのだが。

今後の仕事は、本書で展開した理論をベースに、より具体的な素材を対象とする実証的なものになる予定である。例えば、人はどのようにして自分自身を書くか（自分史等）、どのように自分を語るか（セラピー等）、どのように自己物語の語彙やイディオムを学ぶか（雑誌言説等）、そういったことを対象にしていきたいと考えている。

なお本書の各章のうち、一章および三章から五章までは書き下ろしであるが、二章は『情況』（二〇〇〇年八月号別冊、情況出版）に発表した「社会学における物語論」を大幅に改稿したものであり、五章の補論は『年報社会学論集』（第六号、関東社会学会）に発表した「物語行為はいかにして『私』を構成するか」をほぼそのままの形で用いた。

本書を出版するに当たって何人かの方に謝意を記しておきたい。

大学院時代の指導教官である見田宗介先生。見田先生にはほんとうに多くのことを学ばせていただいた。

大学院以来の先輩であり、様々な面でお世話になった大澤真幸先生。大澤先生にはご著書や研究会等を通してつねに思考への刺激を与えていただいた。

東京学芸大学の同僚の先生方。とりわけ森田数実先生と野口裕二先生には本書の原稿をもとに討議する機会をいただいた。重要な示唆のいくつかを本書では十分に生かしきれていないが、これは今後の課題にさせていただければと思う。

これまで参加してきた研究会、ゼミなどで貴重なコメントをくださった多くの方々。とりわけ、何度か発表の機会を頂いた東京学芸大学青年文化ゼミのみなさん。また非常勤で呼んでいただいた一橋大学大学院、中央大学大学院のゼミでの討議からは多くの刺激を受けた。

本書を出版する機会を与えてくださり、長い間（ほんとうに長い間）辛抱強く励ましてくださった勁草書房の松野菜穂子さん。彼女の励ましなしにはこの本はありえなかった。

最後に、本書の原稿の最初の読者であり、パートナーでもある浅野由美さん。執筆を中途で放棄しなかったのはまちがいなく彼女のおかげだと思う。

二〇〇一年二月

浅野智彦

自己物語論の現在——文庫版あとがきにかえて

本書が刊行されたのは二〇〇一年のことであるから、ほぼ四半世紀がすぎたことになる。すでに絶版となり入手しづらくなっていた本書を、文庫として再度世に送り出せることを得難い幸運と感じる。

あらためて読み返してみると執筆時の若さのせいか、表現の面で今ならこれほど思い切りよくは書けないかもしれないないなと感じる部分もあったが、議論の組み立てそのものについては今もなお自分なりに得心できるものであった。そのためあきらかな誤植を修正した以外、文章はほとんど元のままとしてある。

とはいえ四半世紀の時間が流れ、自己物語論をとりまく状況も大きく変わってきた。この機会に本書の骨子を現代社会のあり方に関連づけて整理しておくべきかもしれないと思うにいたった。そこであとがきにかえて自己物語論の現在について書き記すことにする。

本文でも強調しているように、本書の主張は二点に整理できる。ひとつは、自己が自己について語る物語を通して構成されるものであること。もうひとつは、自己について語る物語は語り得ないものを前提にし、かつそれを隠蔽しているということである。「語り得ないもの」という言い方もずいぶんこなれないものではあるが、ともあれ自己物語と語り得ないものとの間には逆説的な関係があり、本書においてたどろうとしたのはそのような逆説の理路であった。すなわち人は語り得ないものを表現しようとして自己物語を語りだすのだが、自己物語は、定義上というべきか、語り得ないものを隠蔽することによってしか物語として完結することができない。逆に、語り得ないものが自己物語のうちに姿を表すとしたらそれは物語の完結を内側から阻み、物語をつまずかせるものとしてのみである。

近代社会がそこに暮らす人々にたえず自己について問うように強いてくる社会であるとすると、物語と語り得ないものとの逆説的関係はそのような問いへの取り組みの全体に浸透している。人は自分がほかでもなくこの自分である所以のものを欲する。そのためにこそ人は自分が何者であるのかについて他人にも自分にも納得のいく説明を欲する。だが後者の説明によって自分を何者かとして同定することは、前者の含意する自分が自分であるという固有性を必ずやいくぶんかは損なってしまうであろう。というのも同定するというのは一定の型にあてはめることであり、固有であることはどのような型からもはみ出してしまうことを意味しているからだ。

物語療法とは、この逆説に注目することによって自己物語の書き換えをはかる技法であるといってよい。すなわち、自己物語の核心部分にはつねにその一貫性や統合性を内側から崩してしまうような何かが座しているのであり、そこに光をあてることで自己物語を内側から変容させようとするのである。


本書の二つの主張をこのように整理してみて気づくのは、一つめの主張の前提となっている「現実は言葉をもちいたやりとりを通して構成される」というものの見方が、四半世紀を経て今や広く共有された感覚になっているのではないかということだ。本書でも論じたように、これは構成主義（構築主義）と呼ばれてきた立場とおおむね重なるものであり、この視点は社会学の中で基本的な視角として定着してきた。だがそれだけではなく、人々が日常生活の中で現実を見るその見方にもそのような視点が浸透しつつあるのではないか。

例えばちょうど本書が刊行されたのと同じ頃に、歴史記述をめぐって論争が行われていた。その過程で、国家主義的な歴史記述をよしとする人々の中から、「歴史記述が物語なのだとしたら、国家主義的な物語もまた存在を許されるべきではないか」「もしそちらのほうが国民を元気にするのであればむしろ国家主義的な歴史物語のほうがよいのではないか」という声があがってきた（高橋哲哉、二〇〇二、「歴史の物語論と「物語りえぬもの」」、宮本久雄・岡部雄三編『「語りえぬもの」からの問いかけ』講談社)。哲学者・高橋哲哉は、これを「『歴史の物語論』の発想をいわば横取り」するものだと表現しているのだが、より重要なのはこのような声があがる背景に広がる心性の方であろう。それは、現実は構成されたものであり、そうであるなら自分たちにとって快適に構成された現実を受け入れたいという心性である。

より最近の事例に目を転じてみれば、二〇一六年にアメリカ合衆国の大統領選挙においてドナルド・トランプ候補の陣営によって拡散された数多くのフェイク情報が思い起こされる。当選後、トランプの大統領就任式の参加者数について「史上最大」と報道官が表現したのだが、写真などからそれが明らかに虚偽であるとされたあと、この報道官の発言を擁護する文脈で「もうひとつの事実 alternative fact」という言葉が用いられた。この言葉が虚偽を事実として通用させる効果をいくらかでも持っていたとしたなら、フェイク情報と「事実」との違いをほとんど無化してしまうような心性が人々の間に広がっていたということであろう。彼らにとって事実は必ずしも一つではない。見方によって事実は複数ありえるのであり、だとしたら自分たちにとって最も快適で、最も都合のよい「事実」を選ぶことに何の問題があろうか、と。

二〇二〇年代に入り、インターネット上でのフェイク情報の拡散はどの国・地域でも深刻な問題となっている。フェイク情報に対抗するためにはファクトチェック(事実との照合）やエヴィデンス（経験的な根拠）が重要であると一般には信じられている。だが、異なった観点から、異なって構成された複数の現実が等価に並んでいるだけで、それらの間に真偽の上での優劣はつけられないと感じる人が増えているとしたら、ファクトもエヴィデンスもあまり意味を持たないだろう。人は結局自分にとって快適な物語を選ぶだけなのだから。

ある物語が自分にとって快適であるとはどういうことか。本書の議論を踏まえていえば、それは自己物語をよく支持してくれる物語、いわば自己物語の一章として組み込むことができる物語であるということにほかならない。社会学者アーリー・ホックシールドが、共和党右派の支持者たちの間に分け入って聞き取ったのもそのような物語である（Hochschild, Arlie Russel, 2016, *Strangers in Their Own Land: Anger and mourning on the American right*, The New Press: New York［布施由紀子訳、二〇一八、『壁の向こうの住人たち アメリカ右派を覆う怒りと嘆き』岩波書店］）。様々な「事実」から判断すれば、右派の提唱する政策は彼らの生活をより苦しくする可能性が高いのだが、それにもかかわらず彼らは共和党右派を支持する。なぜなら、彼らの人生の物語は右派の語るアメリカの物語によってこそよく支持されるからだ。ホックシールドはこのような物語をディープストーリーと呼んだ。それは「その人にとって真実と感じられる物語」（同書二四頁）であり、リベラル派が指摘するであろう諸々の「事実」を退けてしまうものなのだ。

歴史記述論争において物語論の発想が横領されていたのと同じように、フェイク情報をめぐる状況において自己物語論の（あるいは構成主義の）発想が横領（あるいはハッキング）されているといってもよい。繰り返すがそこではファクトチェックもエヴィデンスも十分な意味を持たない、あるいは不発に終わってしまう。

このような状況にあるからこそ、自己物語論の二つめの論点がいっそう重要であるように思われる。すなわち、自己物語は語り得ないものを前提にするとともにそれを隠蔽するものでもある。物語療法に即してみてきたように語り得ないものは自己物語の内部に、その物語を内側から否定する要素として姿を現す。ふだんは見逃されてしまうその要素を物語療法の専門家は鋭敏に捉える。例えば、「いつも○○してしまう私」という自己物語の中にごく目立たない形で現れる「○○しなくてすんだ私」という断片的な語り、物語療法家はこれを「ユニークな結果」と名づけ、自己物語への働きかけの手がかりとしたのであった。

ここで二つのことにあらためて注意を促しておきたい。

ひとつは、他人の自己物語に働きかけ、変容させていこうとする際に、新しい物語を外側から対置することは得策ではないということだ。本書中でも何度か触れたように自己物語は元の物語が内側から変わっていくという形でのみ変わっていく。元の物語がどれほど相談者自身を苦しめるものであっても、新しい物語をただ単に対置することは、相談者の自己を否定することになるだろう。

本書では語り得ないものをトラウマ経験になぞらえて説明した。程度の差はあれ、多くの自己物語はなんらかの苦痛な経験に駆動されて語り始められる。そのような語りを否定することは、当人にとってみれば、苦痛を無視されることであり、ときには著しい侮辱ともなり得よう。

先ほど引用したホックシールドは、右派を支持するある女性の語りを聞きながら、彼女の傷や痛みを感じ取っている。「彼女は自分がリベラル派の人々から侮辱されているように感じていたのだ」(同書、三三五頁)。その女性は言う。「リベラル派はこう思っているのよ。聖書を信じている南部人は無知で時代遅れで、教養のない貧しい白人ばかりだ、みんな負け犬だって」(同書、三三五頁)。例えば熱心なトランプ支持者に対してファクトチェックをつきつけるリベラル派は、同じような侮辱をしているのかもしれない。

ともあれ新しい物語を外側から対置することは、これまでの物語とそれによって生きている自己を否定するものとして受け止められてしまうだろう。

もうひとつは、物語療法家が相手の物語を聞くときの態度の両義性だ。一方において療法家は相談者の物語を否定することなく、虚心にそれに耳を傾ける。他方において療法家は、相談者の物語に現れてくるユニークな結果につねに細心の注意を払っている。療法家は、傾聴を通して相談者の自己物語を尊重し受容すると同時に、相談者自身も気づいていなかったような断片に注意を向けることで物語を相対化してもいるのである。

ここでこの二つの態度が相反するものではないという点を理解することが肝要である。先ほど触れた新しい物語の外側からの対置に対比していえば、ここに生じているのは内在による相対化とでもいうべきものだ。ユニークな結果はいわば物語の内側からその物語を相対化してしまうものであるが、それは傾聴による内在を通してしか起こらない。むしろ傾聴は、自己物語の内部にほころびが生じるところまで徹底してなされねばならない。

ここでユニークな結果を広い意味でのエヴィデンスと呼ぶこともできるかもしれない。エピソードやその断片だけではなくそれらの頻度のような数的なものをそこに含めてもよいだろう。自らにとって快適な自己物語を選択している人々にとってファクトチェックやエヴィデンスはあまり意味を持たないと先ほど指摘した。ファクトやエヴィデンスが指し示す別の物語よりも今の物語のほうが快適である以上、それに耳を傾ける必要はないからだ。だが、エヴィデンスが自分自身の語っている物語から生じているとなれば話は別だ。自己物語は外側からではなく内側から揺さぶられてしまう。

繰り返すがこのときに重要なのはそのエヴィデンスが徹底した傾聴を通して見出されたものであるということだ。ユニークな結果（エヴィデンス）がほんとうに自分自身の物語の内から見出されたものであるということを語り手に納得させるのはその傾聴の徹底性であるからだ。

それゆえ人々の自己物語をしっかり聞き取ることと（広い意味での）エヴィデンスに依拠することとは対立的に捉えられるべきではない。エヴィデンスへの意識を持たずに肯定的な傾聴を続けることは、しばしば既存の自己物語を支持するだけにとどまる。

例えばトランプ大統領の支持基盤となったかつての工業地帯、いわゆるラストベルト（さびれた工業地帯）の人々の生活や意識を生き生きと描き出した『ヒルビリー・エレジー』という本がある（Vance, James David, 2016, *Hillbilly Elegy: A Memoir of a Family and Culture in Crisis*, Harper: New York〔関根光宏・山田文訳、二〇一七、『ヒルビリー・エレジー　アメリカの繁栄から取り残された白人たち』光文社〕）。この本は、自身がその地帯で育った著者自身の自伝（自己物語）であると同時に、著者がそこでともに暮らしてきた人々の語りに耳を傾けて書かれた物語でもある。出版がトランプ大統領の躍進と重なり、また著者がトランプに対して批判的だったこともあって、本書はおおいに注目を集めた。

この著者こそ、二〇二四年の大統領選挙を経てトランプ大統領の副大統領となったJ・D・ヴァンスその人である。トランプを支持するラストベルトの人々の物語への傾聴は、あたかも著者自身のトランプ批判を溶解させ、熱烈なトランプ支持者に転向せしめたかのようである。もしそうだとしたら、取り残された人々の経験を生き生きと、あるいは生々しく描き出そうとする努力自体が、彼らの物語を肯定し、支持する力へと転じてしまったのではないか。エヴィデンスへの意識を欠いた傾聴の限界をここに見ることができる。

批評家の大塚英志が、現代社会の消費を物語消費として描き出してからすでに四十年近くが経とうとしている（大塚英志、一九八九、『物語消費論「ビックリマン」の神話学』新曜社）。今日では消費のみならずさまざまな領域で人々を動かすために物語が自覚的に動員されている。それらの物語は、個々人の自己物語を通してその力を発揮するものである。そういう時代の中で自己物語とのつきあい方を考えてみることには今も一定の重要性があるように思われる。文庫化された本書がいくらかでもそのための素材になればよいと思う。

最後になるが、本書の文庫化を提案してくださり、その後も丁寧に仕事を進めてくださったのは行本篤生さんである。ここに記して感謝したい。

二〇二五年二月

浅野智彦

索　引

タ　行

ナ　行

ハ　行

マ　行

ヤ　行

ラ　行

ワ　行

文　献

赤間啓之　1997『分裂する現実　ヴァーチャル時代の思想』ＮＨＫ出版

Andersen, T.　1992 'Reflections on reflecting with families,' McNamee, S. & Gergen, K.J. eds. *Therapy As Social Construction* Sage Publications Ltd.＝1997　野口裕二・野村直樹「『リフレクティング手法』をふりかえって」『ナラティヴ・セラピー』金剛出版

――――　1995 'Reflecting processes: Acts of informing and forming,' Friedman, S. ed. *The Reflecting Team In Action* The Guilford Press

Anderson, H.　1997 *Conversation, Language, and Possibilities: A Postmodern approach to therapy* Basic Books

――――& Levin, S.B.　1997 'Collaborative conversations with children' Smith, C. & Nylund, D. eds. *Narrative Therapies with Children and Adolescents* Guilford.

――――& Levin, S.B.　1998 'Generative conversations,' Hoyt, M.F. ed. *The Handbook Of Constructive Therapies* Jossey-Bass Publishers

――――& Goolishian, H.A.　1988 'Human systems as linguistic systems: preliminary and evolving ideas about the implications for clinical theory,' *Family Process* 27

――――& Goolishian, H.A.　1992 'The client is the expert,' McNamee, S. & Gergen, K.J. eds. *Therapy As Social Construction* Sage Publications Ltd.＝1997　野口裕二・野村直樹「クライエントこそ専門家である」『ナラティヴ・セラピー』金剛出版

浅野智彦　1993「回心を語る『私』」『ソシオロゴス』No.17　ソシオロゴス編集委員会

――――　1996「私という病」、大澤真幸編『社会学のすすめ』筑摩書房

――――　1999「親密性の新しい形へ」富田英典・藤村正之編『みんなぼっちの世界』恒星社厚生閣

――――　1999「精神分析・家族療法・社会学」『情況』6月号　情況出版

麻生武　1996『ファンタジーと現実』金子書房

鮎川潤　1996「フィクションとしての逸脱行動」、磯部卓三・片桐雅隆編『フィクションとしての社会』世界思想社

東浩紀　1998『存在論的、郵便的　ジャック・デリダについて』新潮社

馬場靖雄　1996「正義の門前」長崎大学教養部紀要（人文科学篇）第37

巻　第2号
Bakhtin, M.　1979 Автор и герой в зстетической деятельности＝1984　斎藤俊雄・佐々木寛『作者と主人公』新時代社
Barthes, R.　1957 *Mythologies* Éditions du Seuil＝1967　篠沢秀夫『神話作用』現代思潮社
――――　1961-71 *Introduction A L'analyses Structurale Des Recits* Éditions du Seuil＝1979　花輪光『物語の構造分析』みすず書房
――――　1985 *L'aventure Sémiologique* Editions du Seuil＝1988　花輪光『記号学の冒険』みすず書房
Bateson, G.　1972 *Steps to an Ecology of Mind* Ballantine Books＝1990　佐藤良明・高橋和久『精神の生態学』思索社
Bellah, R.N. et al.　1985 *Habits of the Heart: Individualism and Commitment in American life* Univ. of California Pr.＝1991　島薗進・中村圭志『心の習慣　アメリカ個人主義のゆくえ』みすず書房
Bruner, J.　1986 *Actual Minds, Possible Worlds* Harvard UP＝1998　田中一彦『可能世界の心理』みすず書房
――――　1987 'Life as narrative,' *Social Research* 54-1
――――　1990 *Acts Of Meaning* Harvard UP＝1999　岡本夏木・仲渡一美・吉村啓子『意味の復権　フォークサイコロジーに向けて』ミネルヴァ書房
Burr, V.　1995 *An Introduction to Social Constructionism* Routledge＝1998　田中一彦『社会的構築主義への招待』川島書店
Butler, J.　1997 *The Psychic Life of Power* Stanford UP
Castaneda, C.　1972 *Journey To Ixtlan* Simon & Schuster＝1974　真崎義博『呪師に成る』二見書房
Cecchin, G.　1992 'Constructing therapeutic possibilities,' McNamee, S. & Gergen, K.J. eds. *Therapy As Social Construction* Sage Publications Ltd.＝1997　野口裕二・野村直樹「治療を拡げる新しい可能性」『ナラティヴ・セラピー』金剛出版
Copjec, J.　1994 *Read My Desire* MIT Pr.
Coulehan, R., Friedlander, M.L. & Heatherington, L.　1998 'Transforming narratives: a change event in constructivist family therapy,' *Family Process* 37
Craib, I.　1994 *The Importance of Disappointment* Routledge
――――　1995 'Some comments on the sociology of the emotions,' *Sociology* 29-1
――――　1997 'Social constructionism as a social psychosis,' *Sociology* 31-1

Cronen, V.E. et al.　1982 'Paradoxes, double binds and reflexive loops: an alternative theoretical perspective,' *Family Process* 20
Danto, A.C.　1965 *Analytical Philosophy of History* The Cambridge UP＝1989 河本英夫『物語としての歴史　歴史の分析哲学』国文社
Delany, P.　1969 *British Autobiography in the 17th Century* Routledge
Deleuze, G.　1986 *Foucault* Ed. Minuit＝1987　宇野邦一『フーコー』河出書房新社
Doan, R.E.　1998 'Interviewing fear and love,' Hoyt, M.F. ed. *The Handbook Of Constructive Therapies* Jossey-Bass Publishers
榎本博明　1999『〈私〉の心理学的探求』有斐閣
Epston, D., White, M., & "Ben"　1995 'Consulting your consultants,' Friedman, S. ed. *The Reflecting Team In Action* The Guilford Press
Eron, J.B. & Lund, Th.W.　1993 'How problems evolve and dissolve: integrating narrative and strategic concepts,' *Family Process* 32
――――　1996 *Narrative Solutions in Brief Therapy* Guilford Pr.
Fishel, A.K.　1999 *Treating the Adolescent in Family Therapy* Aronson
Foucault, M.　1976 *Histoire de la sexualité: La Volonté de Savoir* Éditions Gallimard＝1986　渡辺守章『性の歴史 1　知への意志』新潮社
――――　1984 *Histoire de la sexualité: L'usage des plaisirs* Éditions Gallimard＝1986　田村俶『性の歴史 2　快楽の活用』新潮社
――――　1984 *Histoire de la sexualité: Le souci de soi* Éidtions Gallimard＝1987　田村俶『性の歴史 3　自己への配慮』新潮社
Freccero, J.　1986 'Autobiography and narrative,' *Reconstructing Individualism* Stanford University Press
Freedman, J. & Combs, G.　1996 *Narrative Therapy* Norton
Freeman, M.　1993 *Rewriting the Self: history, memory, narrative* Routledge
Friedman, S. ed.　1993 *The New Language Of Change* The Guilford Press
――――ed.　1995 *The Reflecting Team In Action* The Guilford Press
船津衛　1983『自我の社会理論』恒星社厚生閣
――――　1995「『自我』の社会学」『岩波講座現代社会学 2　自我・主体・アイデンティティ』岩波書店
――――　1998「自我のゆくえ」『社会学評論』48-4
Gergen, K.J.　1985a 'Social construction inquiry,' Gergen ed. *The Social Construction of The Person* Springer Verlag
――――　1985b 'Social pragmatics and the origins of psychological discourse,' Gergen ed. *The Social Construction of The Person* Springer Verlag

——— 1986 'Correspondence vs. autonomy in the language of understanding human action,' Fiske, D. & Shweder, R. eds. *Pluralism and Subjectivity In Social Science* Univ. of Chicago Pr.

——— 1990 'Social understanding and the inscription of self,' Stigler, J. et. al. eds. *Cultural Psychology* Cambridge Univ. Pr.

——— 1991 *The Saturated Self: Dilemmas of Identity in Contemporary Life* Basic Book

——— 1994 *Realities and Relationships: Soundings in social construction* Harvard UP

——— 1999 *An Invitation to Social Construction* Sage Publications

Gergen, K.J. & Gergen, M.M. 1983 'Narratives of the Self,' T.R. Sabin & K.E. Scheibe eds. *Studies In Social Identity* Praeger

———eds. 1984 *Historical Social Psychology* Earlbaum

——— 1986 'Narrative form and the construction of psychological science', Sarbin, T.R., ed. *Narrative Psychology* Praeger

Gergen, K.J. & Kaye, J. 1992 'Beyond narrative in the negotiaton of therapeutic meaning,' McNamee, S. & Gergen, K.J. eds. *Therapy As Social Construction* Sage Publications Ltd. = 1997 野口裕二・野村直樹「ナラティヴ・モデルを越えて」『ナラティヴ・セラピー』金剛出版

Gergen, M.M. 1992 'Life stories: pieces of a dream,' Rosenwald, G.C. et al. eds. *Storied Lives: the cultural politics of self-understanding* Yale UP

Giddens, A. 1991 *Modernity and Self-Identity* Stanford UP

——— 1992 *The Transformation of Intimacy* Polity

Glasersfeld, E von. 1995 *Radical Constructivism* The Falmer Press

Goffman, E. 1961 *Asylums* Doubleday and Company Inc. = 1984 石黒毅『アサイラム』誠信書房

——— 1961 *Encounters: Two studies in the sociology of interaction* The Bobbs-Merrill Co. Inc. = 1985 佐藤毅・折橋徹彦『出会い　相互行為の社会学』誠信書房

——— 1967 *Interaction Ritual* Doubleday and Company Inc. = 1986 広瀬英彦・安江孝司『儀礼としての相互行為』法政大学出版局

Goodman, N. 1978 *Ways of Worldmaking* Hackett Pub. = 1987 菅野盾樹・中村雅之『世界制作の方法』みすず書房

Greenspan, H. 1992 'Lives as texts,' Rosenwald, G.C. & Ochberg, R.L., eds. *Storied Lives* Yale University Press

Gubrium, J.F. & Holstein, J.A. 1990 *What Is Family?* Mayfield Publishing

Company＝1997　中河伸俊・湯川純幸・鮎川潤『家族とは何か』新曜社
――――　2000 'The self in a world of going concerns' *Symbolic Interaction* Vol23-2
芳賀学・弓山達也　1994『祈る　ふれあう　感じる　自分探しのオデッセー』ＩＰＣ
長谷正人　1991『悪循環の現象学』ハーベスト社
長谷川啓三　1987『家族内パラドックス』彩古書房
長谷川啓三編　1991『現代のエスプリ　287　構成主義　ことばと短期療法』至文堂
Heller, T.C. et. al. eds.　1986 *Reconstructing Individualism* Stanford University Press
Helm, J.ed　1967 *Essays On The Verbal And Visual Arts* The University Of Washington Press
Herman, J.L.　1992 *Trauma And Recovery* HarperCollins Publishers＝1999 中井久夫『心的外傷と回復』みすず書房
廣松渉　1982『存在と意味』岩波書店
――――　1983『物象化論の構図』岩波書店
Hoffman, L.　1990 'Constructing realities: an art of lenses,' *Family Process* 29
――――　1992 'A reflexive stance for family therapy,' McNamee, S. & Gergen, K.J. eds. *Therapy As Social Construction* Sage Publications Ltd.＝1997　野口裕二・野村直樹「家族療法のための再帰的視点」『ナラティヴ・セラピー』金剛出版
Holstein, J.A. & Gubrium, J.F.　1997 'Active interviewing,' Silverman, D. ed. *Qualitative Research* Sage Publications
――――　1999 *The Self We Live By: Narrative identity in a postmodern world* Oxford UP
Hoyt, M.F. ed.　1998 *The Handbook Of Constructive Therapies* Jossey-Bass Publishers
Hoyt, M.F. & Berg, I.K.　1998 'Solution-focused couple therapy,' Hoyt, M.F. ed. *The Handbook Of Constructive Therapies* Jossey-Bass Publishers
井上俊　1996「物語としての人生」『岩波講座現代社会学９　ライフコースの社会学』岩波書店
――――　1997「動機と物語」『岩波講座現代社会学１　現代社会の社会学』岩波書店
磯部卓三・片桐雅隆　1996『フィクションとしての社会　社会学の再構成』

世界思想社
Jameson, F.　1988 'The vanishing mediator; or Max Weber as storyteller,' Jameson, F. *The Ideologies of Theory 2* Univ. of Minnesota Pr
片桐雅隆　2000『自己と「語り」の社会学』世界思想社
香山リカ　1999『〈じぶん〉を愛するということ』講談社現代新書
木村敏　1978『自覚の精神病理』紀伊國屋書店
――――　1995「自己と他者」『岩波講座　現代社会学　2　自我・主体・アイデンティティ』岩波書店
小林多寿子　1992「〈親密さ〉と〈深さ〉―コミュニケーション論から見たライフヒストリー」『社会学評論』42-4
――――　1995「自分史と物語産業の誕生　――1980年代の動向から――」『日本女子大学紀要　人間社会学部　5号』
――――　1997『物語られる「人生」』学陽書房
Kogan, S.M. & Gale, J.E.　1997 'Decentering therapy: textual analysis of a narrative therapy session,' *Family Process* 36
「こころのケアセンター」編　1999『災害とトラウマ』みすず書房
小森康永・野口裕二・野村直樹　編　1999『ナラティヴ・セラピーの世界』日本評論社
小森康永　1999『ナラティヴ・セラピーを読む』ヘルスワーク協会
厚東洋輔　1991『社会認識と想像力』ハーベスト社
栗原彬・小森陽一・佐藤学・吉見俊哉　編　2000『越境する知2　語り：つむぎだす』東京大学出版会
栗原裕　1988『物語の遠近法』有精堂
Labov, W. & Waletzky, J.　1967 'Narrative analysis,' Helm, J. ed. *Essays On The Verbal And Visual Arts* The University Of Washington Press
Lasch, Ch.　1979 *The Culture of Narcissism; American life in an age of diminishing expectations* = 1981　石川弘義『ナルシシズムの時代』ナツメ社
Lave, J. & Wenger, E.　1991 *Situated Learning: Legitimate peripheral participation* Cambridge UP = 1994　佐伯胖『状況に埋め込まれた学習』産業図書
Lejeune, Ph.　1975 *Le Pacte Autobiographique* Éditions du Seuil = 1993　花輪光・井上範夫・住谷在昶『自伝契約』水声社
Levi-Strauss, C.　1958 *Anthropologie Structurale* Librairie Plon = 1972　荒川幾男・他『構造人類学』みすず書房
Linde, Ch.　1993 *Life Stories: The creation of coherence* Oxford UP
Lobovits, D.H., Maisel, R.L., & Freeman, J.C.　1995 'Public practices,'

Friedman, S. ed. *The Reflecting Team In Action* The Guilford Press
Luhmann, N. 1995 'Erkenntnis als Konstruktion' = 1996 土方透・松戸行雄「構成としての認識」『ルーマン、学問と自身を語る』新泉社
Lyotard, J.-F. 1979 *La Condition Postmoderne* Éditions de Minuit = 1986 小林康夫『ポスト・モダンの条件』風の薔薇
MacIntyre, A. 1981 *After Virtue :a study in moral theory* Univ. of Notre Dame Pr. = 1993 篠崎榮『美徳なき時代』みすず書房
Madigan, S. & Epston, D. 1995 'From Spy-chiatric gaze to communities of concern,' Friedman, S. ed. *The Reflecting Team In Action* The Guilford Press
真木悠介 1977『気流の鳴る音』筑摩書房
Manning, Ph. 1992 *Erving Goffman and Modern Sociology* Polity
Maturana, H.R. & Varela, F.J. 1980 *Autopoiesis And Cognition* D. Reidel Publishing = 1991 河本英夫『オートポイエーシス』国文社
McNamee, S. & Gergen, K.J. eds. 1992 *Therapy as Social Construction* Sage Pub. = 1997 野口裕二・野村直樹『ナラティヴ・セラピー 社会構成主義の実践』金剛出版
Mead, G.H. 1934 *Mind, Self, and Society* The Univ. of Chicago Pr. = 1973 稲葉三千男・滝沢正樹・中野収『精神・自我・社会』青木書店
三上剛史 1990「差異的自己の同一性―ルーマン、ミード、ポスト構造主義―」『ソシオロジ』35-2
Miller, J. et al. 1990 'Narrative practices and the social construction of self in Childhood,' *American Ethnologist* 17
Mink, L.O. 1974 'History and fiction as modes of comprehension,' Cohen, R. ed. *New Directions in Literary History* The Johns Hopkins Univ. Pr.
Mitchell, W.J.T. ed. 1981 *On Narrative* The University Of Chicago Press = 1987 海老根宏・原田大介・新妻昭彦・野崎次郎・林完枝・虎岩直子『物語について』平凡社
宮台真司 1994『制服少女たちの選択』講談社
森真一 2000『自己コントロールの檻』講談社
諸橋泰樹 1993『雑誌文化の中の女性学』明石書店
Mumby, D.K. ed. 1993 *Narrative and Social Control: Critical perspectives* Sage
Murray, K. 1986 'Literary Pathfinding,' Sarbin, T.R. ed. *Narrative Psychology* Praeger Publishers
——— 1989 'The construction of identity in the narratives of romance and

comedy,' Shotter, J. & Gergen, K.J. eds. *Texts Of Identity* Sage Publications Ltd.
中河伸俊　1999『社会問題の社会学　構築主義アプローチの新展開』世界思想社
中野収　1993『都市の「私物語」　メディア社会を解読する』有信堂
野家啓一　1996『物語の哲学　柳田國男と歴史の発見』岩波書店
野口裕二　1996『アルコホリズムの社会学　アディクションと近代』日本評論社
――――　1999「社会構成主義という視点」小森康永・野口裕二・野村直樹編『ナラティヴ・セラピーの世界』日本評論社
Nuber, Ursula　1995 *Der Mythos vom Fruehen Trauma: Ueber Macht und Einfluss der Kindheit* S. Fischer Verlag＝1997　丘沢静也『〈傷つきやすい子ども〉という神話　トラウマを超えて』岩波書店
大澤真幸　1988『行為の代数学』青土社
――――　1998a「酒鬼薔薇聖斗の童謡殺人」『小説 TRIPPER』1998年春季号、朝日新聞社
――――　1998b『恋愛の不可能性について』春秋社
大塚英志　1991『物語治療論　少女はなぜ「カツ丼」を抱いて走るのか』講談社
岡真理　2000『記憶／物語』岩波書店
Palazzoli, M.S., Boscolo, L., Cecchin, G. & Prata, G.　1975 *Paradox and Counterparadox: A new model in the therapy of the family in schizophrenic transaction* Giangiacomo Feltrinelli Ed.＝1989　鈴木浩二監訳『逆説と対抗逆説』星和書店
Parry, A.　1991 'A universe of stories,' *Family Process* 30
Parry, A. & Doan, R.E.　1994 *Story Re-visions: Narrative therapy in the postmodern world* Guilford
Penn, P.　1998 'Rape flashbacks: constructing a new narrative', *Family Process* 37-3
Plummer, K.　1995 *Telling Sexual Stories: Power, change and social worlds* Routledge＝1998　桜井厚・好井裕明・小林多寿子『セクシュアル・ストーリーの時代　語りのポリティクス』新曜社
Polanyi, L.　1979 'So what's the point?,' *Semiotica* 25
Polkinghorne, D.E.　1988 *Narrative Knowing and the Human Sciences* SUNY Pr.
Rabinow, P. & Sullivan, W.M. eds.　1979 *Interpretive Social Science* Univ. of California Pr.

Real, T.　1990 'The therapeutic use of self in constructionist/systemic therapy,' *Family Process* 29
Ricoeur, P.　1983 *Temps Et Recit Tome1* Éditions du Seuil＝1987　久米博『時間と物語 I』新曜社
———　1984 *Temps Et Recit Tome2* Éditions du Seuil＝1988　久米博『時間と物語 II』新曜社
———　1985 *Temps Et Recit Tome3* Éditions du Seuil＝1990　久米博『時間と物語 III』新曜社
Riesman, D.　1961 *The Lonely Crowd* Yale University Press＝1964　加藤秀俊『孤独な群衆』みすず書房
Rosenwald, G.C. & Ochberg, R.L. eds.　1992 *Storied Lives* Yale University Press
作田啓一　1987「思想の言葉」『思想』1987-7
Sarbin, T.R.　1986 'The narrative as a root metaphor for psychology,' Sarbin, T.R., ed. *Narrative Psychology* Praeger Publishers
———ed.　1986 *Narrative Psychology* Praeger Publishers
Schnitzer, P.K.　1993 'Tales of the absent father: applying the storymetaphor in family therapy,' *Family Process* 32
Sennett, R.　1977 *The Fall Of Public Man* Alfred A. Knopf＝1991　北山克彦・高階悟『公共性の喪失』晶文社
椎野信雄　1991「ドラマトゥルギーから相互行為秩序へ」安川一編『ゴフマン世界の再構成　共在の技法と秩序』世界思想社
下河辺美知子　2000『歴史とトラウマ』作品社
Shotter, J. & Gergen, K.J. eds.　1989 *Texts Of Identity* Sage Publications Ltd.
Silverman, D. ed.　1997 *Qualitative Research* Sage Publications
Sluzki, C.E.　1992 'Transformations: a blueprint for narrative changes in therapy,' *Family Process* 31
Smith, C. & Nylund, D. eds.　1997 *Narrative Therapies With Children And Adolescents* The Guilford Press
Smith, C.　1997 'Comparing traditional therapies with narrative approaches,' Smith, C. & Nylund, D. eds. *Narrative Therapies With Children And Adolescents* The Guilford Press
Spencer-Brown, G.　1969 *Laws Of Form*＝1987　大澤真幸・宮台真司『形式の法則』朝日出版社
Spengemann, W.C.　1980 *The Forms Of Autobiography* Yale University Press＝1991　船倉正憲『自伝のかたち』法政大学出版局
高橋哲哉　2000「トラウマと歴史」栗原彬・小森陽一・佐藤学・吉見俊哉

編『越境する知2　語り：つむぎだす』東京大学出版会
竹沢尚一郎　1992『宗教という技法　物語論的アプローチ』勁草書房
Tololyan, Khachig　1989 'Narrative culture and the motivation of the terrorist,' Shotter, J. & Gergen, K.J. eds. *Texts Of Identity* Sage Publications Ltd.
富田英典・藤村正之　編　1999『みんなぼっちの世界』恒星社厚生閣
Turner, V.　1974 *Dramas, Fields, and Metaphors: Symbolic Action in Human Society* Cornell UP = 1981　梶原景昭『象徴と社会』紀伊國屋書店
上野千鶴子・竹村和子　1999「ジェンダー・トラブル」『現代思想』vol27-1 青土社
Varela, F.　1984 'The creative circle', Watzlawick, P. ed. *Invented Reality* Norton
――――　1989 'Reflections on the circulation of concepts between a biology of cognition and systemic family therapy,' *Family Process* 28
鷲田清一　1996『じぶん　この不思議な存在』講談社現代新書
Watzlawick, P. ed.　1984 *Invented Reality* Norton
Watzlawick, P.　1976 *How Real Is Real: Confusion, disinformation, communication* Vintage
Watzlawick, P., Bavelas, J.B. & Jackson, D.D.　1967 *Pragmatics of Human Communication: A study of interactional patterns, pathologies, and paradoxes* Norton = 1998　山本和郎監訳『人間コミュニケーションの語用論』二瓶社
Watzlawick, P., Weakland, J.H. & Fisch, R.　1974 *Change: principles of problem formation and problem resolution* Norton = 1992　長谷川啓三『変化の原理　―問題の形成と解決』法政大学出版局
Weingarten, K. & Cobb, S.　1995 'Timing disclosure sessions: adding a narrative perspective to clinical work with adult survivors of childhood sexual abuse,' *Family Process* 34
White, H.　1973 *Metahistory* The Johns Hopkins University Press
――――　1987 *The Content Of The Form* The Johns Hopkins University Press
White, C. & Denborough, D.　1998 *Introducing Narrative Therapy: A collection of practice-based writings* Dulwich Centre Pub. = 2000　小森康永監訳『ナラティヴ・セラピーの実践』金剛出版
White, M. & Epston, D.　1990 *Narrative Means to Therapeutic Ends* Dulwich Centre Pub. = 1992　小森康永『物語としての家族』金剛出版
Wilden, A.　1972 *System And Structure* Tavistock Publications

山之内靖　1996『システム社会の現代的位相』岩波書店
矢島羊吉　1989『空の論理　ニヒリズムを超えて』法藏館
Young, K.　1987 *Taleworlds and Storyrealms: The Phenomenology of Narrative* Martinus Nijhoff
遊佐安一郎　1984『家族療法入門』星和書店
Zimmerman, J.L. & Dickerson, V.C.　1996 *If Problems Talked: Narrative therapy in action* Guilford
Zizek, S.　1989 *The Sublime Object of Ideology* Verso

本書は、二〇〇一年六月二十二日、勁草書房より刊行された。

〈ひと〉の現象学
鷲田清一

知覚、理性、道徳等。ひとをめぐる出来事は、哲学の主題と常に伴走する。ヘーゲル的綜合を目指すのでなく、問いに向きあいゆるやかにトレースする。

階級とは何か
スティーヴン・エジェル
橋本健二訳

マルクスとウェーバーから、現代における展開まで。階級理論の基礎を、社会移動・経済的不平等・政治にも目配りしつつ総覧する、類書のない入門書。

モダニティと自己アイデンティティ
アンソニー・ギデンズ
秋吉美都／安藤太郎／筒井淳也訳

常に新たな情報に開かれ、継続的変化が前提となる後期近代で、自己はどのような可能性と苦難を抱えるか。独自の理論的枠組を作り上げた近代的自己論。

ありえないことが現実になるとき
ジャン＝ピエール・デュピュイ
桑田光平／本田貴久訳

なぜ最悪の事態を想定せず、大惨事は繰り返すのか。経済か予防かの不毛な対立はいかに退けられるか。認識の根源を問い、抜本的転換を迫る警世の書。

〈ほんもの〉という倫理
チャールズ・テイラー
田中智彦訳

個人主義や道具的理性がもたらす不安に抗するには「〈ほんもの〉という倫理」の回復こそが必要だ。現代を代表する政治哲学者の名講義。（宇野重規）

政治宣伝
ジャン＝マリー・ドムナック
小出峻訳

レーニン、ヒトラーの時代を経て、宣伝は今どのような役割を果たすか。五つの定則を示し、デモクラシーに対するその功罪を見据える。（川口茂雄）

空間の詩学
ガストン・バシュラール
岩村行雄訳

家、宇宙、貝殻など、さまざまな空間が喚起する詩的イメージ。新たなる想像力の現象学を提唱し、人間の夢想に迫るバシュラール詩学の頂点。

リキッド・モダニティを読みとく
ジグムント・バウマン
酒井邦秀訳

変わらぬ確かなものなどもはや何一つない現代世界。社会学の泰斗が身近な出来事や世相から〈液状化〉の具体相に迫る真摯で痛切な論考。文庫オリジナル。

社会学の考え方〔第2版〕
ジグムント・バウマン／ティム・メイ
奥井智之訳

日常世界はどのように構成されているのか。日々変化する現代社会をどう読み解くべきか。読者を〈社会学的思考〉の実践へと導く最高の入門書。新訳。

死にいたる病　S・キルケゴール　桝田啓三郎訳

死にいたる病とは絶望であり、絶望を深く自覚し神の前に自己をすてる。実存的な思索の深まりをデンマーク語原著から訳出し、詳細な注を付す。

世界制作の方法　ネルソン・グッドマン　菅野盾樹訳

世界は「ある」のではなく、「制作」されるのだ。芸術・科学・日常経験・知覚など、幅広い分野で徹底した思索を行ったアメリカ現代哲学の重要著作。

新編 現代の君主　アントニオ・グラムシ　上村忠男編訳

労働運動を組織しイタリア共産党を指導したグラムシ。獄中で綴られたそのテキストから、いま読み直されるべき重要な29篇を選りすぐり注解する。

孤島　ジャン・グルニエ　井上究一郎訳

「島」とは孤独な人間の謂。透徹した精神のもと、話者の綴る思念と経験が啓示を放つ。カミュが本書との出会いを回想した序文を付す。（松浦寿輝）

ウィトゲンシュタインのパラドックス　ソール・A・クリプキ　黒崎宏訳

規則は行為の仕方を決定できない――このパラドックスの懐疑的解決こそ、『哲学探究』の核心である。異能の哲学者によるウィトゲンシュタイン解釈。

ハイデッガー『存在と時間』註解　マイケル・ゲルヴェン　長谷川西涯訳

難解をもって知られる『存在と時間』全八三節の思考を、初学者にも一歩一歩追体験させ、高度な内容を読者に確信させ納得させる唯一の註解書。

色彩論　ゲーテ　木村直司訳

数学的・機械論的近代自然科学と一線を画し、自然の中に「精神」を読みとろうとする特異で巨大な自然観を示した思想家・ゲーテの不朽の業績。

倫理問題101問　マーティン・コーエン　榑沼範久訳

何が正しいことなのか。医療・法律・環境問題等、私たちの周りに溢れる倫理的なジレンマから101の題材を取り上げて、ユーモアも交えて考える。

哲学101問　マーティン・コーエン　矢橋明郎訳

全てのカラスが黒いことを証明するには？ コンピュータと人間の違いは？ 哲学者たちが頭を捻った101問を、譬話で考える楽しい哲学読み物。

日常生活における自己呈示
アーヴィング・ゴフマン
中河伸俊／小島奈名子訳
私たちの何気ない行為にはどんな意味が含まれているか。その内幕を独自の分析手法によって赤裸々なまでに明るみに出したゴフマンの代表作。新訳。

解放されたゴーレム
ハリー・コリンズ／トレヴァー・ピンチ
村上陽一郎／平川秀幸訳
科学技術は強力だが不確実性に満ちた「ゴーレム」である。チェルノブイリ原発事故、エイズなど7つの事例をもとに、その本質を科学社会的に繙く。

存在と無（全3巻）
ジャン＝ポール・サルトル
松浪信三郎訳
人間の意識の在り方（実存）をきわめて詳細に分析し、存在と無の弁証法を問い究め、実存主義を確立した不朽の名著。現代思想の原点。

存在と無 I
ジャン＝ポール・サルトル
松浪信三郎訳
I巻は、「即自」と「対自」が峻別される緒論「存在の探求」から、「対自」としての意識の基本的在り方が論じられる第二部「対自存在」まで収録。

存在と無 II
ジャン＝ポール・サルトル
松浪信三郎訳
II巻は、第三部「対他存在」を収録。私と他者との相剋関係を論じた「まなざし」論をはじめ、愛、憎悪、マゾヒズム、サディズムなど具体的な他者論を展開。

存在と無 III
ジャン＝ポール・サルトル
松浪信三郎訳
III巻は、第四部「持つ」「為す」「ある」を収録。この三つの基本的カテゴリーとの関連で人間の行動を分析し、絶対的自由を提唱。（北村晋）

公共哲学
マイケル・サンデル
鬼澤忍訳
経済格差、安楽死の幇助、市場の役割など、私達が現代の問題を考えるのに必要な思想とは？ ハーバード大講義で話題のサンデル教授の主著、初邦訳。

パルチザンの理論
カール・シュミット
新田邦夫訳
二〇世紀の戦争を特徴づける「絶対的な敵」殲滅の思想の端緒を、レーニン・毛沢東らの《パルチザン》戦争という形態のなかに見出した画期的論考。

政治思想論集
カール・シュミット
服部平治／宮本盛太郎訳
現代新たな角度で脚光をあびる政治哲学の巨人が、その思想の核を明かしたテクストを精選して収録。権力の源泉や限界といった基礎もわかる名論文集。

価値があるとはどのようなことか
ジョセフ・ラズ
森村進／奥野久美恵訳

価値の普遍性はわれわれの偏好といかに調和されるか——。愛着・価値・尊重をめぐってなされる入念な考察。現代屈指の法哲学者による比類ない講義。

カリスマ
C・リンドホルム
森下伸也訳

集団における謎めいた現象「カリスマ」について多面的な考察を試み、ヒトラー、チャールズ・マンソンらを実例として分析の俎上に載せる。（大田俊寛）

自己言及性について
ニクラス・ルーマン
土方透／大澤善信訳

国家、宗教、芸術、愛……。私たちの社会を形づくるすべてを動態的・統一的に扱う理論は可能か？ 20世紀社会学の頂点をなすルーマン理論への招待。

中世の覚醒
リチャード・E・ルーベンスタイン
小沢千重子訳

中世ヨーロッパ、一人の哲学者の著作が人々の思考様式と生活を根底から変えた——。「アリストテレス革命」の衝撃に迫る傑作精神史。（山本芳久）

レヴィナス・コレクション
エマニュエル・レヴィナス
合田正人編訳

人間存在と暴力について、独創的な倫理にもとづく存在論哲学を展開し、現代思想に大きな影響を与えているレヴィナス思想の歩みを集大成。

実存から実存者へ
エマニュエル・レヴィナス
西谷修訳

世界の内に生きて「ある」とはどういうことか。存在は「悪」なのか。初期の主著にしてアウシュヴィッツ以後の哲学的思索の極北を示す記念碑的著作。

倫理と無限
エマニュエル・レヴィナス
西山雄二訳

自らの思想の形成と発展を、代表的著作にふれながら語ったインタビュー。平易な語り口で、自身によるレヴィナス思想の解説とも言える魅力的な一冊。

仮面の道
C・レヴィ＝ストロース
山口昌男／渡辺守章／渡辺公三訳

北太平洋西岸の原住民が伝承する仮面。そこに反映された神話世界を、構造人類学のラディカルな理論で切りひらいて見せる。増補版を元にした完全版。

黙示録論
D・H・ロレンス
福田恆存訳

抑圧が生んだ歪んだ自尊と復讐の書「黙示録」を読みとき、現代人が他者を愛することの困難とその克服を切実に問うた20世紀の名著。（高橋英夫）

歴史・科学・現代 加藤周一

知の巨人が、丸山真男、湯川秀樹、サルトルをはじめとする各界の第一人者とともに、戦後日本の思想と文化を縦横に語り合う。（鷲巣力）

『日本文学史序説』補講 加藤周一

文学とは何か、〈日本的〉とはどういうことか、不朽の名著について、著者自らが縦横に語った講義録。大江健三郎氏らによる「もう一つの補講」を増補。

沈黙の宗教――儒教 加地伸行

日本人の死生観の深層には生命の連続を重視する儒教がある。墓や位牌、祖先祭祀などの機能と構造や歴史を読み解き、儒教の現代性を解き明かす。

中国人の論理学 加地伸行

毛沢東の著作や中国文化の中から論理学上の中国的特性を抽出し、中国人が二千数百年にわたって追求してきた哲学的主題を照らし出すユニークな論考。

基礎講座 哲学 木田元 須田朗 編著

日常の「自明と思われていること」にはどれだけ多くの謎が潜んでいるのか。哲学の世界に易しく誘い、その歴史と基本問題を大づかみにした名参考書。

あいだ 木村敏

自己と環境との出会いの原理である共通感覚「あいだ」。その構造をゲシュタルトクライス理論および西田哲学を参照しつつ論じる好著。（谷徹）

自分ということ 木村敏

自己と時間の病理をたどり、存在者自己と自己の存在それ自体の間に広がる「あいだ」を論じる木村哲学の入門書。（小林敏明）

自己・あいだ・時間 木村敏

間主観性の病態である分裂病に「時間」の要素を導入し、現象学的思索を展開する。精神病理学者である著者の代表的論考を収録。（野家啓一）

分裂病と他者 木村敏

分裂病者の「他者」問題を徹底して掘り下げた木村精神病理学の画期的論考。「あいだ＝いま」を見つめ開かれる「臨床哲学」の地平。（坂部恵）

忠誠と反逆　丸山眞男

開国と国家建設の激動期における、自我と帰属集団への忠誠との相剋を描く表題作ほか、幕末・維新期をめぐる諸論考を集成。（川崎修）

気流の鳴る音　真木悠介

カスタネダの著書に描かれた異世界の論理に、人間ほんらいの生き方を探る。現代社会に抑圧された自我を、深部から解き放つ比較社会学的構想。

五輪書　宮本武蔵　佐藤正英校注／訳

苛烈な勝負を経て自得した兵法の奥義。広く人生の修養・鍛錬の書として読まれる。『兵法三十五か条の書』『独行道』を付した新訳・新校訂版。

草莽論　村上一郎

草莽、それは野にありながら危急の時に大義に立つ壮士である。江戸後期から維新前夜、奔星のように閃いた彼らの生き様を鮮烈に描く。（桶谷秀昭）

（見えない）欲望へ向けて　村山敏勝

英文学の古典とセジウィック、バトラー、ベルサーニらの理論を介し、読む快楽と性的快楽を混淆させ、クィア批評のはらむ緊張を見据える。（田崎英明）

河鍋暁斎　暁斎百鬼画談　安村敏信監修・解説

幕末明治の天才画家・河鍋暁斎の遺作から、奇にして怪なる妖怪満載の全頁をカラーで収録、暁斎研究の第一人者の解説を付す。巻頭言＝小松和彦

柳宗悦コレクション（全3巻）　柳宗悦

民藝という美の標準を確立した柳は、よりよい社会の実現を目指す社会変革思想家でもあった。その斬新な思想の全貌を明らかにするシリーズ全3巻。

柳宗悦コレクション1　ひと　柳宗悦

白樺派の仲間、ロダン、ブレイク、トルストイ……柳思想の根底を、彼に影響を及ぼした人々との出会いから探るシリーズ第一巻。（中見真理）

柳宗悦コレクション2　もの　柳宗悦

柳宗悦の「もの」に関する叙述を集めたシリーズ第二巻。カラー口絵の他、日本民藝館所蔵の逸品の数々を新撮し、多数収録。（柚木沙弥郎）

自己愛人間　小此木啓吾

思い込みや幻想を生きる力とし、自己像に執着しつづける現代人の心のありようを明快に論じた精神分析学者の代表的論考。（柳田邦男）

戦争における「人殺し」の心理学　デーヴ・グロスマン　安原和見訳

本来、人間には、人を殺すことに強烈な抵抗がある。それを兵士として殺戮の場＝戦争に送りだすにはどうするか。元米軍将校による戦慄の研究書。

決断の法則　ゲーリー・クライン　佐藤佑一監訳

時間的制約があり変化する現場で、人はいかに意思決定を行うか。消防隊員、チェスチャンピオンらの調査から、人の隠れた能力を照射する。（本田秀仁）

ひきこもり文化論　斎藤環

「ひきこもり」にはどんな社会文化的背景があるのか。インターネットとの関係など、多角的にその特質を考察した文化論の集大成。（玄田有史）

精神科医がものを書くとき　中井久夫

高名な精神科医であると同時に優れたエッセイストとしても知られる著者が、研究とその周辺について記した一七篇をまとめる。（斎藤環）

隣の病い　中井久夫

表題作のほか「風景構成法」「阪神大震災後四カ月」「現代ギリシャ詩人の肖像」など、著者の豊かで多様な世界を浮き彫りにする。（藤川洋子）

世に棲む患者　中井久夫

アルコール依存症、妄想症、境界例など「身近な」病を腑分けし、社会の中の病者と治療者との微妙な関わりを豊かな比喩を交えて描き出す。（岩井圭司）

「つながり」の精神病理　中井久夫

社会変動がもたらす病いと家族の移り変わりを中心に、老人問題を臨床の視点から読み解き、精神科医としての弁明を試みた珠玉の一九篇。（春日武彦）

「思春期を考える」ことについて　中井久夫

表題作の他「教育と精神衛生」などに加えて、豊かな視野と優れた洞察を物語る「サラリーマン労働」や「病跡学と時代精神」などを収める。（滝川一廣）

「伝える」ことと「伝わる」こと　中井久夫

精神が解体の危機に瀕した時、それを食い止めるのが妄想である。解体か、分裂か。その時、精神はよりましな方として分裂を選ぶ。（江口重幸）

私の「本の世界」　中井久夫

精神医学関連書籍の解説、『みすず』等に掲載の年間読書アンケート等とともに、大きな影響を受けたヴァレリーに関する論考を収める。（松田浩則）

モーセと一神教　ジークムント・フロイト　渡辺哲夫訳

ファシズム台頭期、フロイトはユダヤ民族の文化基盤ユダヤ教に対峙する。自身の精神分析理論を揺るがしかねなかった最晩年の挑戦の書物。

悪について　エーリッヒ・フロム　渡会圭子訳

私たちはなぜ生を軽んじ、自由を放棄し、進んで悪に身をゆだねてしまうのか。人間の本性を克明に描き出した不朽の名著、待望の新訳。（出口剛司）

ラカン入門　向井雅明

複雑怪奇きわまりないラカン理論。だが、概念や理論の歴史的変遷を丹念にたどれば、その全貌を明快に理解できる。『ラカン対ラカン』増補改訂版。

引き裂かれた自己　R・D・レイン　天野衛訳

統合失調症とは、苛酷な現実から自己を守ろうとする決死の努力である。患者の世界に寄り添い、反精神医学の旗手となったレインの主著、改訳版。

素読のすすめ　安達忠夫

素読とは、古典を繰り返し音読すること。内容の理解は考えない。言葉の響きやリズムによって感性を耕し、学びの基礎となる行為を平明に解説する。

言葉をおぼえるしくみ　今井むつみ　針生悦子

認知心理学最新の研究を通し、こどもが言葉や概念を覚えていく仕組みを徹底的に解明。さらにその仕組みを応用した外国語学習法を提案する。

ハマータウンの野郎ども　ポール・ウィリス　熊沢誠／山田潤訳

イギリス中等学校〝就職組〟の闊達でしたたかな反抗ぶりに根底的な批判を読みとり、教育の社会秩序再生産機能を徹底分析する。（乾彰夫）

ちくま学芸文庫

自己《じこ》への物語論的接近《ものがたりろんてきせっきん》
家族療法《かぞくりょうほう》から社会学《しゃかいがく》へ

二〇二五年四月十日　第一刷発行

著者　浅野智彦（あさの・ともひこ）
発行者　増田健史
発行所　株式会社　筑摩書房
東京都台東区蔵前二―五―三　〒一一一―八七五五
電話番号　〇三―五六八七―二六〇一（代表）
装幀者　安野光雅
印刷所　信毎書籍印刷株式会社
製本所　株式会社積信堂

ISBN978-4-480-51296-3 C0136